帝国ホテル　お客さまが感謝する理由

国友隆一

経済界新書 022

はじめに

どんなに才知に恵まれていても、
自分一人でやれることは、たかが知れている。
それが分かると、周りに感謝する気持ちが強くなる。謙虚になっていく。

「ありがとうございます」

そう心から感謝すると、フッとチカラが抜け、素直になれる。

そう言われると、自然に心が和《なご》む。


謙虚であるということは、おとなしいということとイコールではない。

柔軟であっても柔弱ではない。

順応性に富んでいても従順とは限らない。

やさしいが前向きで行動力に富んでいる。

それが、本当の謙虚さだ。

その感謝の気持ちを口で伝えるだけでなく、
行動を通して、相手に全心（全身）で体感してもらおうとする。
その過程の中で成長していく。
「ありがとう」と感謝される。
そこから仕事を通して、強い信頼に基づいた人間関係がきずかれる。

不幸には自分一人だけでもなれる。
しかし、幸せは自分一人ではつくれない。
幸せは、喜んでくれる人がいて、はじめて心から実感できる。

サービスとは、その感謝をお客さまに全心（全身）で体験してもらうことを意味する。では、どのように行動すればいいのか。その具体的な例として、帝国ホテルを紹介させてもらった。
たとえば、帝国ホテルではお客さまの要望、本心を〝目で受信〟する。そういっていいほど、人間の微妙な表情までキャッチする。そういう能力を発達させている。表情には言葉以上に真の要望があらわれるからだ。

ときには、何度も打ち合わせを重ねて決めてもらった結婚披露宴の料理について、叱責覚悟で変更を申し出ることもある。あとで肩書き入りの席次表を見せてもらい、このままでは不満の出る恐れがある、と感じたからである。それで結局、喜んでもらえたという。

「ありがとうございます」という気持ちは、お客さまに全心（全身）で体感してもらってはじめて伝わったことになる。本書はそこにウエイトをおきながらまとめている。そのためにはコミュニケーションがいかに重要であるかを軸に展開している。前著『帝国ホテル　サービスの真髄』との違いはそこにある。

結論として言えるのは、サービスとは生き方そのものであるということだ。本書を通して、そのことに共感、共鳴していただければ幸いである。

二〇一二年六月吉日

国友　隆一

帝国ホテル　お客さまが感謝する理由・目次

第2章

気がつかないメッセージまで受信する心配り

第3章

ワントゥワン・スマイルから始まる出会い

第4章 お客さまの幸せを二人三脚で形づくる

▼なぜ「当たり前のこと」をするだけで感謝されるのか

第5章 豊かな想像力が〝快い〟サービスを生みだす

▼想定外のことがあっても、なぜ速やかに対応できるのか

第6章

声だけのやりとりで信頼を得る

第7章

コミュニケーション自体もサービスである

第8章 社員同士のつながりがサービスを支える

▼セクションを越えた連携プレーに必要なものはなにか

第9章

情報が心の満足を充実させる

▼膨大な情報を「おもてなし」にどう生かすのか

編集協力／もみじ社

第1章

お客さまが体感する「感謝」の気持ち

――損得を超越したつながりは、どのようにして生まれるのか

「仲間意識」がきずく感謝の思い

▼▼▼損得を超越したつながりが生まれる理由

村上信夫といえば、帝国ホテルの元総料理長である。いまは、声の届かない世界の住人だが、かつては、日本を代表するフランス料理の名シェフだった。バイキング料理の創始者でもある。

料理づくりに厳しいことはいうまでもない。また、各国の大統領や首相、閣僚などの国賓《こくひん》、あるいは世界の著名人、日本の首相や大臣、財界人、有名人が集《つど》う宴席などでは、自然に振る舞いながら威厳も感じさせた。

人柄は気取りがなく、通勤は電車を使用。千代田線で通勤していた社員が、同じ車両に村上総料理長が乗り込んでくるのを、はじめて目にしたときである。村上は誰彼かまわず大きな声で、「おはようございます」「おはようございます」と明るく挨拶《あいさつ》するではないか。

帝国ホテルの総料理長というイメージと、目の前のあまりにもざっくばらんな態度との落差に、一瞬、思考が停止したという。その後もよく乗り合わせたが、いつも同じだった。

そのたびに、「あっ、村上さん、ここ座って」と席を譲《ゆず》る人が出る。同時に何人もの人が、ということもめずらしくない。村上は、その頃、足を悪くしていたからである。そんな村上に席を譲るのが楽しそうだった。「ありがとうございます」「ありがとうございます」と、明るく感謝しながら、じつに自然な感じで座らせてもらっていた。

なんとも不思議な光景ではないか。常識を超越している。

しかし、よく考えてみれば、不思議でもなんでもない。私たち人間の心は、じつに多様にできている。損得で動く常識の世界に対応しているだけではない。損得を超えた世界にも対応するようにできている。自ら進んで、さらには好んで、損得を超えて行動する。

それはめずらしいことではない。ふだんでも、そういう行動をとっている。自らの労苦をいとわずわが子を育てる。家族を守るため懸命に働く。恋人を喜ばそうと気配りの限りを尽くす。病人のために手を尽くして看病する。逆に余命いくばくもない夫や妻が連れ合いや子どもをいたわる。むしろ、そこに喜びを見出しているではないか。

そこには、相手に対する感謝の気持ちが働く。「ありがとう」「ありがとうございます」という強い思いが行き交《か》う。

多くの場合、親交の深い仲間が対象になる。乗客が村上に喜んで席を譲ったのもそうだ。帝国ホテルの総料理長といえども、飾りけのない極めて親しみやすい人柄であったがゆえに、仲間意識が生まれたにちがいない。

そうはいっても、帝国ホテルは企業である。企業であるからには損得にこだわらなくてはならない。しかし、損得にこだわりながら損得を超えた経営はできる。それどころか、すぐれた企業はどこもそうしている。帝国ホテルとて変わりはない。

そのためにはどうすればいいのか。基本的な考え方は、お客さまの求める価値を創造したりレベルアップし、トータルとしてお客さまが支払う代金以上のサービス（価値）を提供することだ。つまり、代金に見合う価値の部分（損得の部分）とそれ以上の価値の部分（お客さまに無償で提供する部分、損得を超越した部分）の二つを同時に提供することである。創意・工夫したサービスなら、それほどコストがかからない。そのとき、お客さまからも、「ありがとう」「ありがとうございます」という声かけや強い思いが返ってくる。

サービスを提供する側だけが、「ありがとうございます」と言っていては、その感謝の気持ちは伝わっていない。サービスを受ける側も、「ありがとう」という思いを強くしてこそ損得を超越することができる。

たとえば、帝国ホテルのランドリーはすぐれた技術とキメ細かい対応で広く知られているが、そのランドリーでベストをクリーニングしたいがためだけに、地方からわざわざ泊まりに来たお客さまさえいる。努力の甲斐あってスリムになったので、一〇年ぶりに着てみたくなったという。具体的なランドリー技術やサービスについては後述する。

損得を超越したつながりが生まれる理由

相手が損得を超越してくると、
こちらもそれに応《こた》えようとする。
それは、仕事についてもいえる。
仕事を通して仲間意識が生まれ、
仲間意識が強くなると、
信頼できる人間同士の付き合いになる。
相手と会わないでいるときでも、
その人を思い出すと、心が温かくなる。

伝統は「改革の積み重ね」でつくられる

▼▼▼要望を汲《く》みとりカタチにする力

「いらっしゃいませ」という場合、そこに「ご来店いただき（あるいはご来館いただき）ありがとうございます」という気持ちをこめているはずだ。

感謝する以上、その感謝の気持ちを伝えなくてはならない。

ところが、多くの場合、笑顔で挨拶してよしとしていないか。それで伝えたと思っていないだろうか。これは四二・一九五キロのフルマラソンにおいて、スタートして、三キロほどで（ゴールしたと思い）走るのを止めるのに等しい。

気持ちを伝えるということは、「ありがとうございます」という感謝の気持ちを、お客さまにできるだけ全心（全身）で体感してもらうことである。

そのためには口で伝えるだけでなく、行動でも伝えなければならない。むしろ、行動のほうが中心になる。

さらに、その行動はお客さまのニーズ、お客さまが求めている価値を提供することに集中しなければならない。

つまり、お客さまの「こうしたい」「こうしてほしい」という思いを汲みとることが前提になる。まず、お客さまの思い、伝えたいことを受信し、その思いをカタチにするために創意・工夫する。

帝国ホテルでいえば、組織全体としても一人ひとりの社員としても積極的に対応している。

開業は一八九〇（明治二三）年という老舗《しにせ》で、そもそも、わが国における本格的なホテルの第一号だが、さまざまなサービスを他のホテルに先んじて手がけてきた。

一九一〇（明治四三）年には、早くもホテルの中に郵便局を設けているし、ランドリーや自家製パンの製造も始めている。一九四六（昭和二一）年には、チップ制を廃止した。お客さまが困惑されたり、やってほしくないことをやらないようにすることも、お客さまの要望を汲みとり、カタチにすることを意味する。

結婚披露宴の際、新郎新婦がご両親に花束を贈呈する演出もそうだ。披露宴のトリに、出入口のところで金屏風《きんびょうぶ》を背に、新郎新婦をはじめ、両家のご両親が並んで、参列者に、「本日はありがとうございました」とお見送りをする。その際、会場の一番奥のひな壇にいる新郎新婦は、参加していただいた方々の前を手ぶらで通る。このようにただ移動するのは無粋《ぶすい》ではないか。

そこで、ご両親に対する花束贈呈という演出を考え出し、花束を持って移動するようにしたのである。一九四四（昭和一九）年のことだ。館内の花屋が提案し、帝国ホテルがはじめて実施したと言われている。

いまはやりのレディースプランも、帝国ホテルは早めに導入している。一九九三（平成五）年に、「レディースフライデー」という名称でスタートしている。金曜日に泊まって、翌日午後三時までゆっくりくつろいでください、というメッセージがこめられている。

社員一人ひとりも、常日頃からお客さまのメッセージを汲みとろうとしている。

たとえば、あるロビーマネジャー（ベテランのベルマンが就任。黒服を着ている）が、チェックインされたお客さまをタワー館までご案内して戻ってくる際、中二階で若いペアに出会った。手に結婚式のパンフレットを持っている。女性のバッグから紐《ひも》が少し出ていた。カメラのストラップらしい。

その瞬間、結婚式の説明を受けに来ている、しかも、写真を撮っておきたい気持ちが強いと判断し、声をかけてみる。

「当ホテルにお越しいただきありがとうございます。ところで、お越しいただいた記念に、正面玄関から入ったところにあるフロント前、赤絨毯《あかじゅうたん》の敷いてある階段で撮影しませんか。結婚式当日にウエディングドレスを着て、同じ場所で撮影がありますから、記念になるかと思います」と提案してみた。大きく華やかな花が飾ってあるところだ。

関心を持った二人は同意し、写真を撮ってもらったという。二人は、「いろんなホテルに説明を聞きに行きましたが、帝国ホテルがナンバーワンの候補になりました」と気持ちを伝え、実際に帝国ホテルで式を挙げてくれた。

要望を汲みとりカタチにする力

感謝する。
それを相手に伝えるのは、簡単でもありむずかしくもある。
心の底から感謝していれば、
「ありがとうございます」という思いは、必ず、相手に伝わる。
口で伝えるだけでいいと思っていれば容易だが、
その思いを相手に丸ごと体感してほしいと思えばむずかしい。
むずかしいことを毎日、当たり前のこととしてやれば、
相手も心から感謝するようになる

「何もしない」ことが最高のおもてなし

▼▼▼お客さまの「本当の価値」を見極める

お客さまにとっての価値とはなんだろう。それは、お客さまが「こうありたい」「こうなりたい」と望む、そのユメやスガタ、カタチに対し、現状では何かが不足している、その不足しているものを得ることだ。それがいわゆる顧客価値であり、コストをほとんどかけずに生み出すことも可能だ。それどころか、いろいろ創意・工夫することによって、価値を大きく上げることさえできる。

帝国ホテルでいえば、宿泊料など高い代金を払っても、その代金以上の価値を受けとったと感じ、お客さまは深い満足を得ることが多い。つまり、その代金以上の価値の部分が、ホテルがお客さまに無償で提供した価値である。

そうなるためには、お客さまの心をわが心とし、お客さまの悩みをわが悩みとし、お客さまの苦しみをわが苦しみとし、お客さまの喜びや楽しみをわが喜びや楽しみとする姿勢が欠かせない。お客さまのまだ意識されていない感情や望みをわが感情や望みとして意識する。そうすると、場合によっては、何もしないことがそのお客さまにとって価値になることもある。

なにもむずかしいことではない。家族や親戚、友達に対して、誰もが強い思いを抱いている。常日頃から当たり前のように思いやっているではないか。その思いをこれまでよりは意識して深め、キメ細かく前向きに対応するようにすればいい。

たとえば、いま、車椅子のお客さまが帝国ホテルのロビーに入ってきたとしよう。あなたがベルマン、あるいはロビーマネジャーだったらどう対応するか。

付き添いがいないのであれば、すぐに駆け寄ってひざまずき、「何かお手伝いすることはありませんか」とお伺《うかが》いをする。付き添いがある場合でも、そうしたほうがいいと判断する人もいるだろう。

だが、実際は違う。そういう心遣いは二流、三流の心配りでしかない。下手をすると、車椅子のお客さまの心を傷つけかねない。

適切な応対とは何もしないことである。とくに、付き添いもなく、一人で車椅子でおいでになるお客さまは、それを誇りにされている。その誇りを台無しにするような応対をしてはならない。ましてや、ひざまずいて憐《あわ》れむような顔で、介添《かいぞ》えを申し出るのは醜態《しゅうたい》をさらすようなものである。

では、憐れむような表情をしなければいいではないか。そんなことはない。表情に出さないつもりでも、わずかでもそういう心の動きがあるとお客さまはそれを察知する。非常に敏感なのだ。憐れむことのないようにしようと意識すること自体も同じことだ。かすかな心の揺れがハッキリ伝わる。

もちろん、挨拶はきちんとする。「いらっしゃいませ」と心から感謝、歓迎してお迎えする。ただ、そのタイミングが重要である。少し離れたところから挨拶する。近づいて挨拶すると、見おろすような角度になってしまうからだ。

そうはいっても、お客さまがなにかキョロキョロされていたり、「すみません」と声をかけてこられたら話は別である。「何かお手伝いさせていただくことはございませんか」と問いかけなくてはならない。

だから、帝国ホテルのロビーで、車椅子のお客さまが入ってきたのに誰も駆け寄らなくても、「冷たいなあ」などと思わないことだ。

お客さまの「本当の価値」を見極める

サービスとは、何かをすることだ。

しかし、ときには、何もしないことが、思いやりにつながる。

放《ほう》っておくことで感謝される。

では、どう見極めたらいいのか。

相手の心をわが心とし、

相手の悩みや苦しみをわが悩みや苦しみとする。

相手の喜びや楽しみをわが喜びや楽しみとする。

相手の自尊心をわが自尊心とする。

すると、不思議なことに、自分の心が活発に動き出す。

おもてなしを介して互いの人生に参加する

人生に彩りを添える一瞬の出会い

お客さまがおもてなしを受ける。それは、そのお客さまの人生の中の一シーンである。そのシーンに、おもてなしする側も一方の当事者として参加するということは、たとえ、一瞬であっても、お客さまの人生に参加することにほかならない。

また、お客さまをおもてなしするということは、自分の人生の一シーンにお客さまに参加してもらうことでもある。

しかし、そういう表現をするのは大袈裟《おおげさ》ではないか。多くは一瞬の出会い、少なくとも短い出会いで終わる。

だが、その出会いを大切にし、「ありがとうございます」という強い思いをカタチにし、お客さまに感謝の気持ちを心から体験してもらえれば、それは強い印象として残る。強く記憶される。何かにつけ思い出し、記憶を反芻《はんすう》する。そのシーンの中におもてなしする側も参加している。つまり、お客さまの人生におもてなしを通じて参加していることになる。

それを機にリピーターになってもらったり、常連になってもらえれば、なおのことだ。お客さまの人生に積極的に参加できる。お客さまがユメを叶えたり幸せになる手伝いをすることができる。お客さまが幸福で充実した輝ける人生を送るためにプロとして参加できる。

自分の人生についても同様だ。自分の人生にお客さまに参加してもらえる。中身の濃い幸せな充実した人生を送るために、お客さまに参加してもらえる。

そうなると、お互いが「ありがとう」「ありがとうございます」という思いを強くする。そういう関係が増えれば増えるほど、人生は多彩になり豊かになる。心や頭の働きも活発に豊かになる。

それどころか、おもてなしを受けたことをキッカケに、生き方を変えるお客さまさえいる。あるいは、漠然《ばくぜん》としていたり、どうするか迷っていた生き方を、それを契機に見定めるようになることもある。

ある従業員が婚礼を担当したときのことだ。新郎の妹さんが秘書のようなカタチで、毎回、打ち合わせに出席されていた。

結婚披露宴がすんだあとのことだ。新郎のお母さまから連絡があり、お願いしたいことがあるという。新郎の妹が、その従業員のおもてなしに感銘し、自分も同じような仕事がしたくなったという。ぜひとも帝国ホテルに入社して、婚礼の打ち合わせの係を担当したいと言ってきたのだ。

その女性は、実力で無事入社し、女性営業マンとして、お客さまのユメをカタチにする仕事で活躍している。

そのような影響を与えた従業員自身、子どもの頃、親に連れられて帝国ホテルに泊まったことがあった。それを契機に、仕事へのユメが芽生え、入社したという経緯がある。

人生に彩りを添える一瞬の出会い

たとえ仕事上の付き合いであっても、
それは、お客さまの人生に参加することを意味する。
自分の人生へお客さまを招くことにつながる。
お互いがお互いの人生に参加する。
もちろん、よいことばかりではない。
しかし、人生がより多彩に、
より豊かに充実することは間違いない。

形のないサービスに求められるもの

▼▼▼思考力と感性は連動する

自分の頭を使わずに、他人の頭で考える。
自分の心を使わずに、他人の心で感じ取る。

そういった人が非常に多い。
つまり、価値観や思考パターン、感性や感情が常識や固定観念でできている、動いているということである。

しかし、それでは本当にお客さまの心に響くサービスはできない。サービスの基本は、まず自分の頭で考え、自分の心で感じ取ることなのだ。

感性は思考力と密接に結びついている。感性がシャープで柔軟でありながら、思考力が硬直化している人はいない。感性に濁《にご》りがないのに、よこしまな考えをする人もいない。

帝国ホテルのある支配人は、思いやりのプロが揃《そろ》っているスタッフの中でも、思いやりのキメ細かさが抜きんでている。

本書を執筆するにあたって取材を申し込んだら、インタビューに私の著書を読んで臨んでくれた。以前、一度読んでいたものの、記憶が薄れ、直前に再度、読み直したという。私という人間の考えや思いを知るためであることはいうまでもない。また、私という人間を大切に思っているというメッセージでもある。

こちらがあらかじめ提出していたインタビュー項目について自らパソコンで印字し、くわしいコメントもつくってきてくれた。実際に行なうインタビューとは別にである。私は仕事柄、これまで千人以上の方にインタビューをしてきたが、このような対応をしてくれる人はなかなかいないので、大変、感銘を受けた。

この支配人は、社内でもさまざまな創意・工夫をしてサービスをレベルアップしたり、企画を出すことで知られている。開業して一二〇年記念の年（二〇一〇年）には、いろいろな催事のプロジェクトの推進に尽力した人物でもある。

こうした質の高い仕事ができるのも、自分の頭で考え、自分の心で感じ取って職務に取り組んでいるからだ。要するに、日頃から、自分の頭で考えることが癖《くせ》になっているといえる。

いったい、どうやってそのような癖を身につけることができたのだろうか？　そう疑問に思ってたずねてみると、子どもの頃の家庭での習慣が起因しているという。

彼の母親は大変教育熱心な方だったらしく、毎日、おやつの時間に母親が家族討論会を開き、子どもたちに考えるトレーニングをさせていた。ふつう、おやつといえば午後三時頃だが、この討論会はなんと真夜中の三時に始まる。両親と本人、妹と弟の家族全員が集まれるのがこの時間しかなかったので、そのような習慣になったという。

そこで、毎日、家族五人集まってケーキを食べながら、その日（前日？）の出来事を順番に話し合う。話している間は腰を折らず、皆が最後まで聞く。そのあとで、質疑応答しながら、その内容について皆で話し合う。

さらに、母親は、毎回、宿題を出し、自分で答えを考えさせ、一週間後に家族の前で発表させた。出題されるテーマは、たとえば、「お祭りで御神輿《おみこし》を担《かつ》いで練り歩くときの、『ワッショイ、ワッショイ』というかけ声には、どういう意味があるのか?」とか、「相撲の『はっけよい』とはどういう意味なのか?」といった内容である。

子どもたちは、頭をひねって答えを考え出す。「『ワッショイ、ワッショイ』は、気分がいいという意味ではないか」「いや、もともと子ども神輿からきていて……」などと、子どもらしい持論を展開していく。あるいは、「『はっけよい』は、当たるも八卦、の八卦ではないか?」「方向を示すのではないか」といった独創的な発想も出てきたりする。

そういった自分の頭で考えるトレーニングを、一二歳の頃から二〇歳くらいになるまで続けたという。このすぐれた教育プログラムを考え出して実行し続けた母親は専業主婦というから驚く。もともとご自身が、そのような創意・工夫をする才能を持っている方なのだろう。

つまり、帝国ホテルはそういった素質を的確に見出して支配人に任命し、最大限に生かす土壌があるということだ。

思考力と感性は連動する

自分の頭で考えているつもりで、他人の頭で考えている。
自分の心で感じているつもりで、他人の心で感じている。
自分の目で見ているつもりで、他人の目で見、
自分の耳で聞いているつもりで、他人の耳で聞き、
他人の口で味わっている。
そこから抜け出すのは容易ではない。
しかし、自らの頭で考え、自らの心で感じる、
そうした習慣を身につければ、
自然に創意・工夫ができるようになる。

第2章

気がつかないメッセージまで受信する心配り

——なぜ痒《かゆ》いところに手の届くようなサービスができるのか

見えないメッセージを「目」で受信する

▼▼▼磨きぬかれた感性が一瞬でキャッチする

帝国ホテルには独特の言い回し（表現）がある。

鼻から入る　客室を掃除する際、まず、鼻に神経を集中してわずかな匂いまでキャッチし、いち早く除去する。鼻は匂いに慣れやすいため、そうなる前に対応する。

膝《ひざ》で掃除する　膝を床につけ、絨毯の織り目についているような小さなゴミや埃《ほこり》まで取り除く。

目で洗い出す　ランドリーで洗濯する前に隈《くま》なく点検し、小さな汚れやボタンのほつれほか、お客さまの気づかなかったようなことまで洗い出し、シミ取りや補修も行なう。

手の平にも目がある　客室の清掃の仕上がりを確認するため、バスタブや洗面台をさわってザラつきがないかをチェックする。

どれも、帝国ホテルの徹底したキメ細かいサービスのこだわりを凝縮《ぎょうしゅく》して表現したものだ。

それにならっていうなら、「目で受信する」という言い方があってもいい。目で受信する、とはどういう意味なのか。

よく、心を読むという。その点についていえば、帝国ホテルの従業員はプロ中のプロである。他のさまざまな能力も発達させているが、中でも感性の鋭さは飛び抜けているといっていい。

なぜなのか。そうすることではじめてお客さまの真意を悟り、適切な応接が可能になるからだ。まるで、心がお客さまの外部に独立して存在し、微妙な感情まで色別になって、表に浮き出ているように見えるのではないか。

そのメッセージは極めて鮮明なこともあるし、強力なシグナルのこともある。不鮮明だったり微弱なこともある。超が二つ三つつくくらいの高感度の受信機でようやくキャッチできる。

しかも、それを一瞬でキャッチしなければならない。まばたきするくらいのごくわずかな瞬間の目線や表情の揺れも見逃さない。そこまで極める必要がある。

「顔の筋肉、眼球の筋肉、すべてが心の動きそのものですね。発信していると思います。そういう人間のあり方にものすごく感謝しています。これが民族によって違っていたら大変なことです。白人でも、アラブ、アフリカ系でも、我々モンゴロイドでも、怒りを抑えているとか、何を求めているかは全部同じですから。だから、神様がいらっしゃるとしたら、人間をそういうふうに創造したことに感謝したいですね」

あるレストランの支配人はそう述べた。

つまり、目でお客さまの本意を掴《つか》む、受信する、ということだ。


たとえば、正面入口のロビーにあるラウンジの『ランデブーバー』で、女性従業員は、かなり離れた席にいるお客さまの様子が気になった。相当広いラウンジだ。そこで近づいて声をかけた。自分が担当するエリアではなかったものの、周りと異なる雰囲気が気になったのである。

すると、「一五分ほど前に注文したのに、まだコーヒーが来ていない」という。注文を受けたスタッフが出し忘れていたのである。その経緯を知って深くお詫《わ》びし、すぐに淹《い》れたてのコーヒーをお持ちした。

しかも、その後、タイミングを見計らってお代わりをお伺いしたり、ちょっとした世間話をして、お客さまの心を和ませるようにした。

その結果、最初は腹を立て不機嫌になっていたものの、これで気持ちが一八〇度変わった。さらにお褒《ほ》めの言葉までいただき、その後、何度も来店してもらえるようになった。

中には、『ライ・トゥ・ミー』というアメリカの人気テレビドラマシリーズのDVDを観て、人の表情にあらわれる真意を研究している営業担当者もいる。ライは嘘という意味だ。

帝国ホテルには、そこまでしてお客さまの表情を感じ取ることにこだわっている従業員がいる。

磨きぬかれた感性が一瞬でキャッチする

心が手にとるように読めるからといって、
満足してはならない。
大切なことは、
「何をしてほしいのか」「何をしてほしくないのか」という、
相手のメッセージをキャッチすることだ。
目や表情や言葉のニュアンスから、
正確に受信することである。

心の「動体視力」を研ぎ澄ます

▼▼▼適切かつ臨機応変に対応できるおもてなし

帝国ホテルには「ベルマンウォーク」という言葉がある。帝国ホテルではベルマン（宿泊客のチェックイン、チェックアウト時の案内、誘導などが主な業務）がお客さまを客室までご案内する。

フロントから客室までの距離は結構ある。タワー館だと片道一〇分近くかかることさえある。だから、歩くスピードが速い。早く戻って次のお客さまに対応するためだ。社内で一番速い。

かつて〝素っ飛びの○○〟と称される営業マンがいた。営業に関連した打ち合わせで、社内のさまざまな部署をまめに回っていた。その際、駆けんばかりに行動していたからだ。

帝国ホテルのように、ベルマンが客室までお客さまをご案内しているところはどれくらいあるだろう。シティホテル以外では、極めて稀《まれ》だ。その分、人件費が増える。ベルマンを多くスタンバイしておく必要があるからだ。

それでは、コストが高止まりし、お客さまに無償でサービスできないのではないか。できたとしても、提供できる無償の部分が小さくなりはしないか。

しかし、客室までご案内することによって生まれる価値が、それ以上に大きくなる。その可能性がある。だから、続けている。

お客さまをご案内しながら、お客さまがどういう方なのか、どういう気分なのかをキャッチする。案内する距離が長い分、よりキメ細かく的確に確認でき、適切に対応できる。

目で受信するだけではなく、耳でも受信する。話を引き出す。

疲れていそうだったら、ねぎらいの言葉をかける。長旅ですぐ休みたいようであれば、ソファやベッドの使い心地をさりげなく伝える。これから観光プランを立てるつもりであることが分かったりもする。その場合、ゲストリレーションズ（宿泊客のさまざまな相談・依頼に応対する窓口）をご案内する。いまから仕事という人もいれば、一仕事終えてホッとした気持ちになっている人もいる。笑顔で接してくれているが、本当は疲れ切ってそれどころではなかったり、という場合もある。その際は、控え目に接しながらご案内する。

第一印象としては、表情が分かりにくかったものの、話してみるとフレンドリーということもある。

声の質からそのときのテンションを計ったりもする。咳《せき》をされたり呼吸が荒かったら、「加湿器をお持ちしましょうか」と言ってみる。

何げない天候の話一つからでも体調が分かる。厚着しているか薄着なのか、持参した衣服はどうなのか、では、どう対応したらいいのか。

そして、自分でできることは自分で応対し、そうでないことについては、フロントや他の部署に伝え、対応してもらう。

ベルマンに比べフロントは、お客さまと接する時間は非常に短い。ふつうは長くて一、二分ではなかろうか。

常連のお客さまの場合、宿泊カードへの記入は事前に必要な項目に印字して用意しておく。あとは署名だけだからより短いということもある。ひと言ふた言のやりとりで終わることも少なくない。

それだけに、神経を集中して目と耳でお客さまのメッセージを受信しようとする。瞬時に受信し、瞬時にプロならではのおもてなしをしなければならない。

たとえば、宿泊カードの住所に北海道の旭川と記入したら、寒いと分かっていても、「天候はいかがでしたか」とたずねてねぎらう。あるいは、二人連れや団体客だったら、仲間内でする会話から、それとなく要望や希望を聞きとり、キャッチする。

四〇代のご夫婦が、レストランに立ち寄ってからフロントへいらっしゃった。その会話から推測して、「結婚記念日でしょうか」とたずね、宿泊料金以上のゆったりした高級感のある部屋を用意し、喜んでもらったという例もある。

こういったサービスをするためには、鋭い感性と頭の中の研ぎ澄まされた瞬発力が要求される。プロのアスリートが体で行なっていることを、頭の中で実行しているといっていい。

適切かつ臨機応変に対応できるおもてなし

オリンピックで金メダルを取るようなアスリートは、
例外なく瞬発力が抜きんでている。
手の指先、足の指先まで、
獲物《えもの》に襲いかかる豹《ひょう》のように、ピンと張り詰め、研ぎ澄まされている。
おもてなしをするとは、
お客さまの心の動きを動体視力でキャッチし、
機敏に対応することだ。
それができると、結果的にゆとりを持っておもてなしができる。

セッティングは「逆算」から始まる

▼▼▼意を尽くしての隠れた心遣い

帝国ホテルのおもてなしには、一見、感動というものが少ないように見受けられる。それでは、おもてなしのプロであるホテルとしてまずいのではないか。そう心配されるかもしれない。

しかし、違うのだ。感動以上に深い満足を与えることを目指している。通常の感覚からすると、「そこまでやっているの」ということでも、ごく当たり前に感じられるように提供しているからである。

例をあげよう。ルームサービスでいえば、コーヒーカップやミートプレートは、厨房から客室が遠いと、手でさわれないくらい熱々にしてキッチンから運び出す。それは、部屋に着いた時点で、ちょうど適温になるよう逆算してのことだ。

また、ビジネスマンのお客さまなら、食事を早めに用意する。お一人のお客さまならコーヒーを注《つ》ぐ。カップルなら逆にコーヒーは注がず、手短かに仕度を整えて退室する。

帝国ホテルのフランス料理レストラン『レ セゾン』には、企業のトップや役員が来店されることが多い。そのため、予約が入った段階で企業名や役職、当日、上席に座られる方々の名前を確認しておく。その上で、ホテルにある既存のリストやインターネットのホームページなどで顔を確認し、入口横にあるキャプテンデスクに顔写真を用意しておく。前面が衝立《ついたて》のようになっているので、お客さまからは見えない。

それによって、はじめてのお客さまでも、「○○さま、いらっしゃいませ」と挨拶することができる。個人名で挨拶するということは、それだけ、そのお客さまを尊重しているというメッセージになるからだ。

また、ホスト側と招待客が着席して名刺交換し、「こちら○○さん」「こちら△△さん」と紹介し合う際、さりげなく聞いてメモをとる。そのとき、テーブル番号、座席番号とともに記入する。個室の場合は、事前に図をつくっておき、客同士が挨拶したり名刺交換をしているときに、小さな声でも聞きとって、席の該当する場所に名前をメモしていく。そのときの会話や入店後、個室に入り席に着くまでの間の会話から、誰と誰がホストで、誰と誰がゲストなのか、各々の地位や上下関係はどうなのか、といったことを短い時間で掴む。

通常、最上席といわれている席に必ず、そこに座るべき人が座るとは限らないからだ。そういう場合は、通常の座席の順位を無視して、入店されたあとで収集した情報に基づいて料理をお出しする。もし、ホストに最初に料理を出したら、心遣いが足りないことになる。下手をするとホスト側の失点になりかねない。

どうしても名前が聞きとれなかったら、その席は空欄にしておき、分かりしだい記入する。そのためのメモ用紙をふだんから一〇枚ほど持っている。仮にお客さまの目の前で記入せざるを得ないとしても、伝票を書いているようにしか見えないはずだ。

人の話し方は千差万別である。呟《つぶや》いたり囁《ささや》いたりするような話し方をする人もいれば、だみ声だったり、音声が歯の間から洩《も》れてしまう人、訛《なま》りのある人とかいろいろだ。それでも、正確に聞きとれるよう聴覚を発達させているからこそできることだ。

意を尽くしての隠れた心遣い

お客さまの立場にたつ。
よく口にする言葉だ。
しかし、「つもり」で終わる例がいかに多いことか。
必要なのは、逆算する能力である。
何をどうするか、具体的にイメージを描き、
できるだけくわしく逆算する。
そして、行動に移す。
この逆算する能力をもっと磨く必要がある。

気遣いを感じさせない〝さりげない〟配慮

▼▼▼知らず知らずのうちに心地よくなるおもてなし

ウエディングコーディネーターは、ウエディングコンシェルジュが取り決めてくれたお客さまの結婚披露宴を、お客さまと一緒に準備していく。そういう仕事を担っている。

コーディネーターにしてもコンシェルジュにしても、新郎新婦の人生に深く関わる重要な仕事だ。

どちらも帝国ホテルの本館中二階にある宴会レセプションで打ち合わせをする。正面玄関から入って、フロアの右側奥にフロントがあるが、ほぼその真上にある。一階のフロアからも見える。

打ち合わせはたくさんの資料を横において行なう。招待状の封筒や手紙の実物カタログ、カラー画像入りのコース料理のメニューカタログ、過去の実例ほか多岐《たき》にわたるからだ。

しかも、一冊一冊が重厚だ。分厚い。同じような高級感を持たせてもっと薄くできないのだろうか、と思ってしまう。もちろん、その日の打ち合わせに必要なものを、進行状況に合わせて用意するが、それでも嵩《かさ》ばる。


第一回目の打ち合わせの際は、この資料を持たず、手ぶらで対応する担当者がいる。現マネジャーだ。

女性コーディネーターが八割を占める中、数少ない男性のうちの一人である。華奢《きゃしゃ》で小柄、どちらかというと童顔だが、いまでも早朝、サーフィンをしてから会社に出てくる。鎌倉に住んでいて、海まで、三分で行けるということもあるだろうが、それにしても驚く。夏は朝四時とか四時半に起きてサーフィンを欠かさない。現在、四〇代だが、それを三〇年続けている。

なぜ、資料もメモも持たないのか。一つは挨拶と打ち合わせを切り離して考えているからである。もう一つには、最初から分厚い資料を持って、テーブルの上に積み重ねてドンとおくと、お客さまに威圧感を与えかねないからだ。それでなくても、お客さまは緊張している。だから、メモさえ持たずに手ぶらで臨む。

打ち合わせの際は極力、自らお客さまを迎え、席にご案内する。簡単に挨拶をして、いったん席を立つ。

なぜ、すぐに席を立つのか。挨拶と打ち合わせをきちんと分けるためだ。コーディネーターが席を立つことで、緊張を解いてもらえる。お出しした飲み物を口にしてもらうためでもある。

経験上、自分が前に座っていると、なかなか最初のひと口を口にしてもらえない。そのためにも席を立つ。すると砂糖やクリーム、レモンを入れる、そういう動作に移るお客さまが驚くほど多い。

その後、もう一度お伺いし、世間話をはさんで、お客さまの緊張が解けてきたのを見計らってから、本格的に打ち合わせを始める。挨拶したときに座ったのと同じ椅子に座る。

実は、隣の椅子に前もって当日使う資料をおいておくのだ。打ち合わせの予約に合わせ、事前にテーブルを決めておくからできることである。そこまでキメ細かく心配りをし、お客さまがリラックスして打ち合わせができるよう気づかっているのだ。

また、出迎えの際は、事前に打ち合わせをする時間が分かっているから、宴会レセプションの出入口の外に立ってお迎えする。その場合、お客さまから見て、出入口の奥のほうに立つ。逆の位置だと、お客さまの行く手をたとえわずかではあっても遮《さえぎ》るカタチになるからだ。

それで、「○○さまでいらっしゃいますか。お待ちしていました」とまず、挨拶する。ただし、「多いときは同時に一〇組くらいいらっしゃる」ので、間違うこともあるという。そういうときは名前を聞いて、「申し訳ございません、○○さま。こちらでお受付をお願いします」とカウンターにご案内する。

お客さま自身、気づいていないような、キメ細かい心配りを無数にさりげなく積み重ねている。そのため、お客さまはなぜこんなに快いのか、緊張しがちなシーンでくつろいだ気持ちになれるのか分からない。でも、我知らず深く満足する。

ましてや、お客さまが意識して発信している要望を、より具体的に的確にカタチにしていることはいうまでもない。

だから、お客さまから深く感謝される。出会えてよかったと言われたりする。そのため、結婚したあとも親交を重ねることが多い。帝国ホテルにはそういう例がたくさんある。

ふつうのホテルに比べれば料金は高いが、それ以上のサービスを受けたと感じる。つまり、有償のやりとりを介して、無償のサービスを受けたと感じるのだ。

このマネジャー自身、結婚披露宴がすんだあと、「今日はありがとうございました。お幸せに」と言うだけで終わらせていない。「これからも帝国ホテルにお越しになるときには、是非、声をかけてください」と、ひと言添えるようにしている。

どんなに深い満足を得てもらっても、こういったひと言を添えるかどうかで、その後の交わりの強弱が変わる。だから、「今後とも末永くお付き合いさせていただきたい」との思いを伝えるようにしている。

知らず知らずのうちに心地よくなるおもてなし

小さくて、どうでもよさそうに見えても、
悩んだり考えたりする価値がないものなど、この世に一切ない。
大切なのは、ものごとを大きな視点から捉える力だ。
マクロの視点の中で、
一見、どうでもよさそうに思えることを位置づけることで、
どうでもよさそうに見えたことが、
新しい意味を持つ。
新しい輝きを放つ。
より踏み込んだキメ細かいおもてなしができる。

〝度を越えた〟演出で心地よくする対応

真似のできない配慮と心づくし

お客さまの緊張をほぐすという点については、ウエディングコンシェルジュも行なっている。結婚披露宴について説明を受けに来たペアや家族などに対して、お客さまの要望を汲みとりながら丁寧《ていねい》に応対し、帝国ホテルでの宴会の成約へと結びつける。それがコンシェルジュの仕事だ。

たとえば、コンシェルジュのマネジャーは、お客さまの緊張を解くために、早いタイミングで席を立ち、ホテル内を案内するよう心がけている。一緒に連れ立って回っていると、座っているときより緊張がほどけるからだ。

それによって、コミュニケーションが緊密、濃密になり、その分、お客さまの「こうしたい」「こうしてほしくない」というメッセージを、より的確に汲みとれるからである。

そして、お客さまが緊張を解いて、親しみを感じてもらえるようになってから、ほかではどういうホテルを見て回ったのか、これから見て回るつもりなのかを聞き、「あのホテルはお庭がきれいで広いですよね」などと特長をあげながら、帝国ホテルの特長も話題にする。

皇居の目の前である、東京駅に近い、地方からいらっしゃる招待客にとって分かりやすい、日本ではじめて開業した本格的な西洋式ホテルである、国賓も泊まる、チャップリンやマリリン・モンローなど、世界の有名人も泊まったことがある、料理のおいしさに定評がある、といったことなどをアピールするのはいうまでもない。

帝国ホテルのドアマンが三〇分ごとに白い手袋を替えていることはよく知られている。汚れたら使用時間が短くても替える。

お客さまの荷物を車から降ろしたり乗せたりする場合、必要に応じては手袋を取り、素手で扱うドアマンもいる。そのほうが手の動きがよくなり、お客さまの荷物をより大切に扱えるからだ。

もっと目立つカタチでお客さまの思いを汲みとることもある。

営業は主に企業の宴会を帝国ホテルで開催してもらうため提案している。その営業で精密機器メーカーを受け持った際のサービスの例だ。

先方の担当者と打ち合わせをしていく中で、同社の役員が赤ワインに凝《こ》っていることが分かった。それで、「いいワインを提案してもらえませんか」と頼まれた。ホテルのソムリエに相談すると、アメリカのカリフォルニアのワインに、同社の商品と同じ名前のおいしい銘柄があることが分かった。そこで、このワインを宴会当日、出すことにした。

その結果、大変喜ばれたという。

また、製紙会社のパーティを担当した際は、「そこまでやるのか」というくらいの対応をしている。

当日は、ホテルで使用するトイレットペーパーの一部をその製紙会社の製品に切り替えた。男女ともである。トイレットペーパーだけではない。紙ナプキンも替えている。そのためだけに、新しくトイレットペーパーや紙ナプキンを用意し、多くのトイレで取り替えるシーンを考えると、その手間はいかばかりだろうか。そういった心遣いを、いつも当たり前のようにやっている。

カメラメーカーの宴会で、撮影のため帝国ホテルと契約しているカメラマンが入る場合には、どのメーカーの機種を使うかという点にまで気を配る。そこで、カメラマンにコンタクトをとり、パーティの主催者の製品を使ってもらうようになるかもしれない旨、伝えておく。持っていないなら、リースでもいいので準備しておいてもらう。その上で、主催企業の担当者には、他のメーカーの機種の場合、シールを外しておくだけでよいのか、機種自体、そのメーカーの機種にしたほうがいいのかをたずね、カメラを替える必要があるなら、リースを含め、費用の呈示をして判断してもらう。

なるほど、そこまで考えて対応しているのか。お客さまも感謝するわけである。

真似のできない配慮と心づくし

度を越すことは、ときには必要だ。
しかし、多くの場合、度を越すことに躊躇《ちゅうちょ》する。
目立つ上に、周りから浮きかねないからである。
必要なときに、よい意味で度を越すためには、
的確な状況判断をする能力が求められる。
改革はその度を越すことに直結する。
改革は嘲笑《ちょうしょう》や反感の的になりやすい。
しかし、正しい信念を貫けば、真の賛同者が集まってくる。

第3章

ワントゥワン・スマイルから始まる出会い

――洗練された態度・表情はどこから生まれるのか

スタッフの「笑顔」が控え気味な理由

▼▼▼伝統に培《つちか》われ洗練された所作《しょさ》

帝国ホテルでフロントと話したり、ロビーからフロントとお客さまのやりとりを見ているると、何か気になる。

その気になる正体は何か。よく考えてみたが、分からない。さらに考えた。分からない。それでも考えてみた。すると、おそらくこういうことにちがいない、ということに思い当たった。

お客さまをお迎えする際は、笑顔で「いらっしゃいませ」と言おう。通常は、そう声高に教える。日本全国、至るところでそう教えている。笑顔の国、スマイル・ジャパンといっていい。

しかし、そのわりに、笑顔が顔に張りついていないか。いっそ、笑顔のお面《めん》を被《かぶ》ったほうがいいのではないか、と思う。あるいは、表情を変えず、おざなりに「いらっしゃいませ」と言う。

笑顔を見せよ、とまず笑顔に焦点を当てるからそうなる。従業員はお客さまをマスとして捉える。マスとしてのお客さまは、一人ひとりについて見れば、限りなく他人に近い。その他人に近い客に心が動くほうが不自然だ。道ですれ違った他人に、いちいち心からの笑顔を向けているシーンを想像してみてほしい。

必要なことは、まず、従業員にとってお客さまとはどういう存在か、それを従業員に説明し納得させることだ。

設備代や備品代、什器《じゅうき》代、ユニフォーム代、水道光熱費、通信費、交通費、給料、すべてお客さまの財布から出ていることを知らしめる。

その財布から、おカネをどこで出すか、いくら出すかを決めるのはお客さまである。少なくとも、入店、入館した（電話での問い合わせを含め）のはおカネを払ってくれる可能性があるということではないか。

「それは、あなたの賃金のアップにつながるかもしれないし、据え置きになるかもしれない。下手をすれば減額になるかもしれない。どの可能性が大きくなるかは、あなたの接客しだいですよ」と、つながりの濃さ、影響の大きさを知ってもらう。

そうであるなら、「お客さまを感謝、歓迎しようよ」となり、どうすればお客さまに喜んでもらえるか。感動、さらには、それ以上に深い満足を得てもらうことができるか、と考えさせる。

次の段階として、お客さまの立場に身をおいて説明する。

たとえば、従業員がお客さまをマスとして捉え、通りいっぺんの笑顔でいたら、お客さまは不満に思う。自分はないがしろにされたと感じる。来る客来る客一人ひとりが、自分は軽視されたと思う。プライドが高いと傷つく場合もある。


必要なことは、単なる笑顔から、お客さま一人ひとりに心を向け、個人名を持つ一人格である相手にワントゥワン・スマイルを向けることだ。帝国ホテルが最初から、お客さまを氏名で呼ぶようにしているのもそのためだ。

来客が多ければ疲れ、ヘトヘトになってしまう。確かにそうかもしれない。しかし、人間ほど適応力を持った動物はいない。それを続ければ、しだいに慣れてくる。疲れてもサービスのレベルを落とさない、コミュニケーション力を切らさないのがプロではないか。

帝国ホテルのフロントの応対で気になる理由が分かった。笑顔が控え気味だったからである。長い伝統に培われ洗練された笑みだったからである。動きが素早いのにキビキビした印象を受けないのも、物腰がやわらかいからだ。洗練された動きで、体全体でお客さまを感謝、歓迎して迎えている。体全体が笑顔になっている。

これまでの笑顔のイメージと違っていたため、しっくりこなかったのだ。体全体で、お客さま一人ひとりに対し、ワントゥワン・スマイルを控え目にあらわしている。

お客さま一人ひとりに対し、丁寧に心を開いている。レオナルド・ダ・ヴィンチが蘇《よみがえ》って帝国ホテルにチェックインしたら、「モナリザの微笑の生きた男性版だ」と言うかもしれない。

もちろん、そこまでいかない従業員もいるだろうが、本質的にはそういう心の動き、表現を目指している。

伝統に培われ洗練された所作

底の浅い笑顔は中途半端に味つけされた料理のようだ。
しっくりしない笑顔は味けのない料理のようだ。
大切なことは、
一人ひとりに対し心を向けて、笑顔になることだ。
体全体で笑顔になれればなおいい。
行動全体で笑顔を表現できればいうことはない。
それが、本当のワントゥワン・スマイルである。

「安心感」「親近感」「信頼感」を醸し出す

計り知れない笑顔の効用

笑顔というと、つい、一つの笑顔として捉えてしまう。それは、お客さま一人ひとりに対し心を開いていないからだ。お客さま一人ひとりに丁寧に心を開けば、自然に笑顔も変わる。お客さまのそのときの心境、周りの状況に合わせ多様になる。微妙に変わる。

あるフロントの担当者は、「笑顔の強弱というか、ただの笑顔では意味がないと思います。表情がいろいろあるのではないでしょうか」と言う。

チェックイン中、他のお客さまから支払いについて質問されたとしよう。そんなとき、笑顔がすぎると、不信感を持たれかねない。そのため、心の中で、「お客さまのおっしゃっていることをしっかり受けとめ、対応させていただきます」と思うようにする。その気持ちを表情に出すようにしているのだ。

また、アイコンタクトも大切だ。出入口からフロントカウンターまでの距離は結構ある。そのため、お客さまが入って来られた時点で、なるべく早く気づき、会釈してアイコンタクトをとるようにしている。一番怖いのは、ギリギリまで気づかないことだという。

じつは、フロントの内側にはパソコンがあって、お客さまに関する情報を確認することが多い。そのため、目線を下に落としがちだ。だからこそ、意識して目を上げ、出入口はもちろん、ロビーの端々《はしばし》まで視線を走らせるようにしている。

しかも、フロントを担当してまだ二、三年でも、きちんとビジョンを持ってやっている。お客さまに安心感、親近感、信頼感を持ってもらえるように接遇する、ということだ。

安心感　言葉遣いを含め、自分の中の荒っぽさをすべてそぎ落として接遇する。私の言い方でいえば、個性を薄く肌ざわりのいいシルクで包むようなもの、ということだ。

親近感　笑顔とアイコンタクトを心がけている。アイコンタクトをとって会釈し、お客さまがカウンターにいらっしゃったタイミングで笑顔で挨拶する。

信頼感　仕事に対しては自信を持ちながら、一方で、何事に対しても謙虚な気持ちを持って接する。

一人ひとりのお客さまに心を開けば、挨拶一つとっても一律ではなくなる。フロントだけでなく、ドアマンでさえそうだ。

あるドアマンは積極的にそういった挨拶を心がけている。たとえば、朝、企業のトップや役員をお見送りすることが多い。そういう場合、少しトーンを上げ、明るく「おはようございます」と言う。明るく挨拶することで、気持ちよく出かけて行ってほしいからだ。

逆に海外からビジネス客がチェックインされるときは、疲れている可能性が高い。だから、声のトーンを下げて、「いらっしゃいませ」と言う。長いフライトなどでグッタリされているようなときはなおのことだ。そういうときは、「お疲れさまでございます」とひと言添えるようにしている。また、時間が遅いなら、「ごゆっくりお休みください」とか「ごゆっくりおくつろぎください」という言葉を添える。

一方、昼時、観光目的のお客さまが見えたときは、帝国ホテルで優雅な気分を味わいたいと思っていらっしゃることが多い。そういうときは、楽しんでもらえるよう明るい笑みを浮かべ、優雅な挨拶や振る舞いを心がけている。

また、地方からおいでになったお客さまは、帝国ホテルは堅苦しいとか、敷居が高いというイメージを持っている可能性があるので、堅苦しさをできる限り取り除いた明るいトーンで、「いらっしゃいませ」とお迎えしている。

お客さまと秒単位で接しているようなドアマンでさえ、ここまで心を開いてワントゥワンを追求しているのだ。


お客さまはお客さまである前に、一人の人格を持った人間である。プライドを持っている。そのプライドは非常に敏感である。外見はどうあろうと、じつは傷つきやすい。自分がどう扱われるのかについて意識している。過敏な人も少なくない。

お客さまとはそういう生身の存在であることを意識しながら心を開き、ワントゥワンの関係をきずいていく。それは簡単ではないが、面白さもそこにある。

計り知れない笑顔の効用

笑顔には強弱があり、濃淡がある。
その笑顔が挨拶に連動し、
多彩な奥の深いサービスにつながっていく。
そうなるためには、
笑顔を進化させるという視点から捉えなければならない。
そうすると、心により深みを増す。

複数のお客さまへの〝目と心〟の配り方

キーパーソンを見極める洞察力

一人ひとりのお客さまに心を開くとして、では二人以上あるいは、それ以上のお客さまに同時に接する場合、どうしたらいいのか。

片方の方だけに話が偏《かたよ》らないようにする。それが原則である。ただ、かなり年配のご夫婦で、夫なり妻なりに任せきりということが習慣になっていることがある。そういうときは、見れば分かる。少し話せば分かる。それなら、任せられている方を中心に（もう一方の方にも心を向けているというメッセージを折にふれて出しながら）、話せば足りる。

若い二人連れに対しては、対応を変える必要がある。とくに、男性従業員が女性客に、女性従業員が男性客に話をし、話を盛り上げたりすると、連れは心を引いて冷ややかになりやすい。嫉妬《しっと》することもある。お客さまに不快な感情を抱かせたら、ホテルマンとして失格だ。自分でその場の会話を楽しみつつ、お客さまに対する感謝の気持ちを伝え、その気持ちを体感してもらうことを忘れている。

グループ、とくにビジネスの場としてレストランや宴会場を使ったり、そのための打ち合わせをする際は、ホストとゲストを素早く見分け、常に招かれた側のお客さまを優先させなくてはならない。地位順、ランク順に席次を決め、その順に料理を出す。打ち合わせなら、相手の担当者と主に話しても、その席で一番地位の高い人に常に敬意を払い、そのメッセージも表情や態度で示すようにする。

また、キーパーソンを見分けて適切に対応することも重要だ。社長でも宴会の幹事でもないのに、じつは、そのグループの中で、最も影響力を持っている、ということもある。

営業部の支配人がこんな例を紹介してくれた。

あるパーティに、社長でも幹事でもない外国人が参加していた。その外国人は相当、料理にうるさいという。盛り付け一つにまで目を走らせ、場合によっては注文をつける。非常に厳しく指摘する。その人から文句が出ると、もうその会場では二度目の開催はないという。

ただし、このパーティでは、事前の打ち合わせで、そういうキーマンの存在をキャッチできた。過去の経験を踏まえ、はじめてのお客さまだったため、「これまで、あるいは前回のパーティで、何か問題はありませんでしたか」と、こちらからたずねていたからだ。

成功例は相手のほうから言ってきても、失敗例を自発的に吐露《とろ》することはないので、こちらから質問する必要がある。

そこで、そのキーパーソンの好みを、盛り付け方まで含めて事前に聞いて対応し、また、専用のコンパニオンを一人つけた。気配りが行き届いているという評価の高いコンパニオンだ。さらには、宿泊された部屋にちょっとしたプレゼントも用意、こうして事なきを得た。それどころか、たいそう喜んでもらえたという。

キーパーソンを見極める洞察力

心と**頭**を**動員**して、一〇〇％**集中**するには、
必死にならないとできない。
しかし、**必死**なだけでは、
状況の**変化**やアクシデントへの**素早**い**対応**はできない。
必死に**集中**することを**何百回**、**何千回**と**繰**り**返**すことによって、
その**先**に、ゆとりが**生**まれる。
一人ひとりの**相手**に**同時**に**心**を**開**きながら、
複数の**人**にも**対応**できる。

子ども は〝小さな大人〟として接する

▼▼▼半人前ではなく一人の人格を持ったお客さま

お客さまが子ども連れとか家族連れの場合、主に、そのうちの責任者を中心におもてなしをする。

そのため、子どもたちを、つい疎《おろそ》かにしていないか。メインでないと考えること自体、間違っている。たとえ話す相手は親とか祖父母にしても、そのグループなり家族全員がメインなのだ。それを取り違えていないか自分に問いかけてみてほしい。

その上、子どもたちを半人前と思っていることが多い。顔見知りなら、「○○ちゃん、可愛《かわい》いね」とか、「△△君、頭いいんだって」とか、とりあえず褒めておこうとする。おざなりに応対する。満面に笑みを浮かべてやさしく頭を撫《な》でてあげる。腰を落とし目線を子どもと同じ高さにして話す。だから、やさしくおもてなしができている。ご両親やおじいちゃん、おばあちゃんも喜んでくれている。

外面はどう見えようと、これはとりあえずという姿勢があからさまではないか。

お客さま一人ひとりに心から、「ありがとうございます」と感謝し、その気持ちをお客さまに体感してもらう。それは、そのお客さまが子どもでも変わらない。子どもは料金も低いからそれ相応でいい、と思っていたら、サービスに携わる資格はない。

帝国ホテルでは、相手が子どもでも独立した一人の人格を持ったお客さまと考えている。子どもでも当然、プライドを持っている。大人でも薄っぺらい人間なら、褒められれば満足するだろうが、子どもは大人以上に素直な分、とりあえず褒めておこうとするような〝上から目線〟に敏感だ。

ただし、大人ならではの婉曲《えんきょく》な言い回しや謙遜《けんそん》を強調するための卑下《ひげ》といったことは理解できない。そのままストレートに受けとってしまう。その恐れがある。だから、子どもの目の前でご両親などから褒められたら、へりくだることなく「ありがとうございます」と丁重に感謝することだ。

そういった対応をふだん、自分の家族で実行している従業員もいる。目の前で子どもが褒められても、照れ隠しで、「いやいや、たいしたことはないですよ」「家では遊んでばっかりで」などとは言わないようにしている。子どもは額面通りに受けとり、ガッカリするからだ。そのため、「そうなんですよ。これはこの子のいいところなので、家族で応援しているんです」と答えたりする。奥さんとも、そう申し合わせている。

ふだんから、このように、発達途中ではあるが、独立した一人の大人並みのプライドを持った人格として育てていれば、実際のおもてなしのシーンでも、子どもたちに対してきちんと丁寧に心を開いて応対できる。

ただ、社会性が十分に発達していないことも確かだ。そのため、周りのことを気にせず、はしゃいだり走り回ったりしかねない。

そういうときは、「危ないので走らないでくださいね」とやさしく声をかける。ご両親にも「お子さまに声を少々落としていただけるよう、お母さまからお願いしていただけますか」ときちんと声をかける。責める、詰問《きつもん》する、叱る、といったことは避けている。

あくまで提案するというカタチをとっていることに注目したい。

半人前ではなく一人の人格を持ったお客さま

子どもを半人前と思っていないか。
腰を落として子どもと同じ高さの目線になりながら、
心は〝上から目線〟になっていないか。
子どもは小さな大人にすぎない。
それどころか、大人以上に素直で率直だ。
だからこそ、大人と同じプライドを持った人格として、
接することが大切である。
一方で、社会人としては未熟な部分を、
育てていく姿勢も忘れてはならない。

丁寧ではあっても、凛とした振る舞い

▼▼▼むやみに低姿勢にならない

どうして、おもてなしをする際、低姿勢になるのだろう、度を越えてへりくだるのだろう。そう思うことがある。言い回しでも、辟易《へきえき》するほど〝お〟をつけたりする。

この感想は正しい。正しいというのは度を越している場合だ。そうなりがちということである。しかし、間違ってもいる。それは、お客さまを丁寧に、丁重におもてなししたいという表現だからだ。お客さまを敬い、立てることでもある。所作や振る舞いから角《かど》を取り除き、滑らかなくつろいだ気持ちで過ごしてほしいからでもある。

このように柔和で柔軟だが、だからといって脆弱《ぜいじゃく》ではない。たとえば不機嫌だったり横柄《おうへい》なお客さまもいらっしゃる。

お客さまが不機嫌だったとしよう。

なぜ、不機嫌なのか。仕事が多忙を極めて表情にかまっているゆとりがないのか。フライトなどの長旅で疲労困憊《こんぱい》しているのか。難問に直面しているのか。いろいろなシチュエーションがある。それを的確に推測できるよう、感性を磨く。

そういうことを念頭に、いたわりや同調の言葉をさりげなく添えて、笑顔でお客さまの懐《ふところ》に入るようにする。もちろん、敬愛の念を抱いていることが前提だ。

話をする必要があるときは、まず、お客さまにリードしてもらう。そのようにもっていく。そこに何か共通点があれば、それを軸に話を返し、話をつなげていく。

横柄なお客さまにはどう接したらいいか。別にへりくだることはない。どのお客さまにも対するように、お客さまとして感謝し、丁寧に、丁重に接する。

イエス、ノーが必要な場合は、きちんと正直に回答すれば足りる。もちろん、お客さまが了解できるよう、その理由をしっかり説明しなければならない。説得するチカラが試される。一方で、むやみに首を縦にふらない。また、通常よりは、話を長く聞く。「急にへりくだって、分かりました、とはなりません」とある営業マンは明言した。

先方の性格が分かっている場合、営業先の総務やセクレタリー（秘書）に、「今日はいかがですか」と聞いて、事前に心の準備もしておくという。

むやみに低姿勢にならない

丁寧だからといって、へりくだっているとはいえない。
丁重だからといって、卑下しているのではない。
丁寧だったり丁重だったりする場合は、
相手に敬意を払っている。
そうであるなら、交渉相手が不機嫌だったり横柄だからといって、
たじろぐことはない。道は必ず開ける。
平坦な道か、泥道やでこぼこ道かの違いにすぎない。

無口な人をお迎えしたら感謝しよう

▼▼▼コミュニケーション力を磨くいいチャンス

営業や婚礼予約のコンシェルジュ、コーディネーターは、お客さまと長時間、さらには長期間接する。

ところが、お客さまが無口だとしたらどうか。コミュニケーションをとりにくい。そうかといって、お客さまの目の前で、こちらも無口になり立ち往生してはいられない。一方的に話してもコミュニケーションは成り立たない。お喋《しゃべ》りする場ではないからだ。

このようなときは、相手が答えざるを得ないようなシーンをつくる。話題を投げかけて質問する。説明してそれに対する感想や評価を答えてもらうようにもっていく。

それでも、なかなか答えてくれない。あるいは態度や表明を曖昧《あいまい》にしている場合は、こちらから回答例をいくつか箇条にして列挙する。回答の選択肢を提示することによって、相手が答えざるを得ない状況や答えやすい状況をつくり出す。

また、資料を視覚化して持参し、お客さまの目の前で提示、説明することも有効だろう。ペーパー資料をカラーで図表にする、プロジェクターでスクリーンに映す。最近は小型のプロジェクターが普及しており携帯できる。図表にイラストを添えたり、図表自体をイラストにしたり、さらにはビデオムービーを使ってもいい。

ウエディングコンシェルジュの女性マネジャーは、お客さまが無口すぎると、血液型の話をしてとっかかりをつくるという。会場や衣裳《いしょう》係、チャペルなどへ案内しながら、新郎の血液型を新婦にたずね、「じゃ、こういう方ではないですか」と言うと、新婦が、「なんで分かるんですか」と興に乗ってくることが多い。まず、それまでの印象から人柄を当て、それから血液型に話を移したりする。

何げない会話の中から、二人の好みを推測し、カップや皿、テーブル、料理、花、衣裳などを選ぶ際、「こちらのほうがお好みですよね」とか「お好きじゃないですよね」とたずねる。すると「あっ、そうです」と驚いて、親近感、信頼感を持ってもらえると、結婚披露宴の開催に結びつきやすくなる。

コミュニケーション力を磨くいいチャンス

無口な人に出会ったら感謝しよう。
コミュニケーションをアップさせるいい機会だからである。
無口な人は他の人より、
心にたくさん、いろんな思いを詰め込んでいる。
ただ、心という船を栈橋《さんばし》に横づけするのが苦手なだけである。
だから、あなたが栈橋になり、渡る板を架《か》ければいい。
あなたが、その人の心に乗船し、
その人の思いに光を当てればいい。

〝理想的な〟お客さまばかりではない

▼お喋りを「対話」に変えて関係をきずく

お客さまが話し好きならコミュニケーションが密にとれ、適切なおもてなしができる。ただ、話し好きが嵩《こう》じて、一方的に喋られてしまうとそうはいかない。そういう人が何人も揃ったら収拾がつかない。こういう場合でも、営業や婚礼予約の担当者は逃げ出すわけにいかない。まず、どの人がその中のリーダーか、あるいは、影響力が最も強い人は誰かをキャッチし、その人と会話するようにもっていく。

その中で影響力の最も強い人だけがよく話し、お喋りなら、まず、その人の話をしっかり聞く。また、真剣にメモをとる。相槌《あいづち》を打つことも大切だ。じつは、そういうお客さまは、こちらがどれだけ真剣に聞いているのかについて敏感なのだ。

大切なことは、その人の話に割って入らないことである。話の腰を折るのは禁物である。プライドを傷つけてしまう恐れがあるため、どこかで疲れが出てくるのを待つようにする。忍耐も大切なおもてなしの一つである。

そうはいっても、打ち合わせの時間は限られている。だから、いま現在、お客さまが喋っていることを話題にしながら、さりげなく本題にもっていくことが肝要だ。

たとえば、Aのことを聞きたいのに、Bのことを中心に話し続けていたら、そのBのことについて、「すごいですね。そこまで考えていらっしゃるんですね。私たちですと、とても及びもつきません。そうすると、もしかして、Aについてもそういうこだわりをお持ちでいらっしゃるんでしょうか」と話を振る。相槌を打ちながら、Aのことについて、気持ちよく話してもらえるようにもっていく。

「そんなことより」といったニュアンスの言葉は使わないことだ。「ところで」とか「それはおいといて」といった言葉も禁句である。もちろん、心の中でもそういう気持ちになってはならない。理想的なお客さまでなければ理想的なおもてなしができないのであれば、おもてなしから身を引いたほうがいい。

最後はお客さまの話を箇条にしてまとめ、簡潔に分かりやすく伝える。復唱する。

お喋りを「対話」に変えて関係をきずく

最初から理想的なお客さまなどいない。
お客さまが描いている理想的なサービスを超える。
そういったおもてなしを続けることで、
理想的なお客さまに変わっていく。
打ち合わせをする席で、一方的に喋る人が、
おもてなしを受けながら、コミュニケーションのなんたるかを学び、
コミュニケーション力を身につけるのもそうだ。
おもてなしとは受け身の行為ではない。

第4章

お客さまの幸せを二人三脚で形づくる

――なぜ「当たり前のこと」をするだけで感謝されるのか

不幸は一人でつくれるが、幸福は一人ではつくれない

▼▼▼二人三脚で創造するおもてなし

　カタチのないサービスを商品として売る。それがサービス業である。ホテルもそうだ。客室や宴会場、レストランなどの施設をツールにしていることはいうまでもない。帝国ホテルでいえば、客室は九三一室、宴会場はトータルで二七、レストランは一三店だが、そこで、華やかに人生を彩《いろど》る結婚披露宴や婚約、金婚式、銀婚式、喜寿、米寿、白寿といった長寿の祝い、卒業記念パーティ、企業でいえば、社長就任式、新製品発表会、創業記念といった式典、授賞式、年賀・賀詞パーティなど、数々のイベントが展開されている。

　その内容の充実いかんによって、今後の人生が左右される。幸せになれるかどうかに少なからず影響を与える。企業の明暗を分けかねない。

　そのため、スタッフは総力を結集してお客さまの要望に応える。お客さま自身、気

づかない点にまで光を当て、受信したものをカタチにしていく。準備に準備を重ね、遺漏《いろう》のないようにしていく。そういう意味でいえば、サービスのプロとは〝段取りのプロ〟といってよい。

よく、サービスを提供する、というが、この表現は適切ではない。人生のレベルにおいて、「幸せをつくるメーカー」というべきではないだろうか。幸せをつくって提供する製販一体のもの……。外食は製造と物流と販売が、一社でも一店でも一体になっている。それと同じことだ。メーカーとして幸せをつくって提供する。それも、お客さまと二人三脚でつくっている。

宴会においてはメニューの内容だけではなく、食材についても打ち合わせをすることが多い。

最近のある結婚披露宴でもそうだった。参列者は約六〇〇名。新郎側、新婦側と何度も打ち合わせをしたことはいうまでもない。

料理についていえば、オリジナルメニューで、かつ、原材料の細部にまでこだわった。メインディッシュの付け合わせの野菜についてまで綿密に打ち合わせをした。

トマトはミニトマトよりももっと小さいマイクロトマトを使うことになった。ところが、結婚披露宴が近づいてきた段階で猛暑になり、出荷量が激減してしまう。式は九月だ。そのため、国内最大規模の東京の大田市場、築地市場でさえまったく入荷しない。当然、取引先の八百屋も軒並みギブアップした。緊急事態だ。

ふつうはここでお手あげになる。もともと超小粒種のため生産量が少ないのだ。事情を説明し、ミニトマトを代替に使いたいとの申し出をしたくなる。

ところが、購買部のスタッフは諦《あきら》めなかった。独自に日本中のマイクロトマトの生産者を洗い出し、連絡を取り始める。それでも、うまくいかない。何度、虚《むな》しく電話を終えたことか。

しかし、挫《くじ》けそうになるのに耐え、事情を説明しながら、粘り強く交渉した。その結果、必要な日の前日、それも夜になって、ついに、愛知県のある農家がスタッフの熱意に応えてくれた。

だが、送ってもらう時間がない。それでは間に合わない。そこで、スタッフは愛知県のその農家まで出向いて、時間ギリギリに戻ってきたという。

二人三脚で創造するおもてなし

不幸は自分一人でもなれる。
しかし、幸福は一人ではなれない。
幸せを喜んでくれる人がいて、はじめて実感できる。
二人三脚、三人四脚、
さらには、多くの人が参加してはじめて可能になる。
お客さまにも参加してもらって幸せをつくる。
自分たちも幸せになる。
そのプロセスのことを〝おもてなし〟という。

「幸せ」を形にできるこの上ない喜び

▼▼▼半端でない〝こだわり〟もいとわない

お客さまと二人三脚で幸せをつくっていくためには、綿密な打ち合わせが不可欠だ。お客さまはどうしたいのか、それによってどうなりたいのか、目的を明確にしていく。次にそのためにどうすればいいかを決め、段取りをつける。幸せづくりのメーカーであるプロが、お客さまの要望を汲みとりつつカタチにしていく。コミュニケーションの密度、綿密さ、キメ細かさが問われる。

最近は、ディナーのあと、サプライズでプロポーズをしたい、という男性が増えてきた。帝国ホテルの『レ セゾン』でもそうだ。

そこで、ディナーの最後に料理を運ぶふりをして、皿をテーブルにお持ちする旨、提案する。皿にクロッシュ（ドーム型の蓋《ふた》）を被せておくことはいうまでもない。高級感があり、上品で味わいのある皿を提案する。

その蓋を女性が開けると、思いもかけず指輪が輝いている。ライトは蝋燭《ろうそく》ということもある。どういう蝋燭がより効果的か話し合って決める。その瞬間、女性は驚き、次に感動し、そして、体全体で幸せにひたる。涙を流し承諾する。例外はまずない。男性には念のため、必ずハンカチを用意しておくようアドバイスする。

企業のパーティはもっと大がかりだ。打ち合わせの綿密さは半端ではない。

ホスト側のこだわりも、もちろん、半端ではない。常識を超えたこだわりも多い。しかし、そのこだわりを実現できてはじめて、ゲスト、ホストともに幸せになってもらえる。だから、帝国ホテルも、それを当たり前のこととして対処する。

たとえば、ビールメーカーは、宴席では、当然、自社のビールを出す。その質にこだわることはいうまでもない。

つくりたてのビールを大量に用意し、その品質、鮮度を保つため、運ぶ車両での温度管理はもちろん、パーティ前日、ホテルに入庫後も、最適の温度で管理する。あるパーティでは、万一、温度が変わって品質が落ちないよう、ビール会社の担当者がホテルの倉庫の前で寝ないでチェックしたこともある。その夜は帝国ホテルの担当者も泊まり込んだ。

当日使うグラスにもこだわっている。そのグラスの数も大量だ。

ビール会社では、使うグラスを光にかざし、その光り具合をチェックする。それで、かすかに手垢《てあか》らしいものがついていたとしよう。それがベタベタしたものでなくとも洗い直し、拭《ふ》き直す。

帝国ホテルでいうと、一個そういうグラスが見つかったため、パーティに使う一万個近いグラスを洗い直し、拭き直したことがある。一晩かけて準備した。

そこまでせざるを得なかったのではない。ビールメーカーのそういうこだわりに共感しているのだ。一個でもグラスにかすかとはいえ手垢がついていたことが申し訳なく、慚愧《ざんき》に堪えないのだ。

こだわりをカタチにし、それによって、お客さまの「どうしたい」「どうしたくない」というイメージが一段と具体的かつ的確になり、それが新しい幸せを切り開く。つくり出す。そういった幸せづくりがなによりの喜びなのだ。

半端でない〝こだわり〟もいとわない

幸せとは何か。
じつは曖昧である。
一つの幸せのために多くのものを失うことをいとわない。
そうすると、捨てたものが、あとで倍になって戻ってくる。
それが、前人未到、人跡未踏の世界における、
幸せにつながったりする。
全力でその手伝いをすればいい。
やり甲斐に満ちている。

常識は従うものではなく創りだすもの

▼▼▼日常の小さなサービスから始まる幸せ

お客さまに幸せになってもらうためには、お客さまがこうしてほしいというメッセージを一〇〇%、いや、それ以上に汲みとる必要がある。

それによって、お客さまもホテル側も幸せになる。幸せを共有できる。

なにも大きなイベントに限らない。小さな日常のサービスにしてもそうだ。


たとえば、クリーニングだ。ふつう、町のクリーニング店に出すと、スーツなどには小さなタグがついてくる。上着とズボン（パンツ）両方にだ。このタグを私は時折、取り忘れてしまう。ご愛嬌《あいきょう》ということですませるが、やはりバツが悪い。

帝国ホテルのランドリーでは、このタグを取ってから客室へ持っていく。タグは、クリーニングする工程や仕分けで必要だからつけているもので、本来、それを取り除いて渡してこそ、本当に完成品を渡したといえるからだ。

「常識を超えて新しい常識をつくる」――それでこそ、本当の意味でお客さまに幸せになってもらえる。少なくとも幸せな気分になってもらえる。


そのためには、柔軟でしなやかな思考力も問われる。

帝国ホテルの宿泊客向けランドリーサービスは、その技術の高さとキメ細かい対応で広く知られている。海外でも有名だ。補修のための一つとして、ボタンを二〇〇種以上、用意している。糸や布地の種類、色もたくさん準備している。

そうはいっても、ファッションのデザインは極端に多い。ボタンもそうだ。二つ以上、ボタンが並んでいる場合、同じものがなければ、違いに気づかない程度に似たものを、目立たない位置のボタンと入れ替えて繕《つくろ》う。しかし、ブランド品はむずかしい。

そういう場合、ボタンをすべて取り外し、洋服にマッチするボタンで揃える。ブランド店で同一のボタンを購入することもあるが、ボタンだけということではなかなか譲ってもらえない。

もちろん、事前にお客さまの了承を得ることは当然である。

日常の小さなサービスから始まる幸せ

よく「常識にとらわれるな」という。
「白紙の状態で考えろ」という。
しかし、この世のどこにも、白紙の状態など存在しない。
ただし、いまとらわれている常識にかえて、
新しい常識にとらわれることは必要だ。
なにもむずかしいことではない。
一つだけ判断基準を設け、その基準にシンプルに従えば足りる。
それが、本当の幸せにつながる。

サービスに「ノー」はない

▼▼▼「ノーイエス」という対応

「太陽を西から昇らせてほしい」「東西南北、同時に太陽を昇らせてほしい」「年齢がしだいに若くなるようにしてほしい」。こういった誰が聞いても不可能と分かること以外、基本的にはお客さまのむずかしい要望にもノーと言わない。帝国ホテルにノーという答えは存在しない。

ただし、宴会場やレストランがすべて予約でふさがっていたらそうはいかないが、客室のように数が多ければ、お客さまが申し出た条件に合う部屋がなくても、コミュニケーションのとり方しだいで宿泊してもらえる。

帝国ホテルは外国人のお客さまが多い。約四〇％が外国人だ。その場合、旅行会社や取引先の会社が予約を入れることが多い。そのため、お客さまの要望が十分に伝わらないケースがある。

チェックインの段階で、はじめて禁煙でダブルベッドの部屋を望んでいたことが分かる。それ以外の客室なら泊まらない、他を探すという。

イエスかノーで応対したらそこで終わる。禁煙でダブルベッドの部屋は満室だ。

そういう場合、フロントの担当者はもう一度話を聞くようにしている。改めて話を聞きながら相槌を打つ、また、要点を復唱する。そんなことがなぜ大切なのか。お客さまの要望を全部受けとめたというメッセージを伝えるためだ。次に、「長いフライトでお疲れのところ申し訳ございませんが、改めてもう一度、調べさせていただきます」と言って調べ直し、「やはり、禁煙・ダブルベッドの部屋はございませんでした。ですが、ダブルベッドの部屋ならご用意できます」とか、「明日からであれば、ご希望の部屋をご用意できます」と代替案を提示する。

それで、「このフロントは私の言っていることをちゃんと理解し、一生懸命、考えてくれている」と肌で感じてもらう。納得して、「じゃ、明日から部屋を替わるよ」とか「ツインでもいい」と言ってくれる。禁煙でない部屋だったら、お客さまと一緒に客室に行き、匂いのないことを確認した上で入ってもらう。

「ノーイエス」という対応

現実のサービスでは、
「ノー」という回路は存在しない。
「イエス」でなくても、
「ノーイエス」「ノーノーイエス」といった対応が必要だ。
最後を「イエス」にもっていくよう、
多様に柔軟に対応することで、
幸せという、たった一つの目的をカタチにできる。

クレーム対応は本業そのもの

苦情はカタチを変えた応援歌

お客さまの人生を幸せにする、そのためのメーカーに徹したつもりが、不手際が生じ、相手を怒らせてしまった。不愉快な思いをさせてしまった、としよう。

そういうときは、一刻も早くお詫びしなければならない。お客さまからクレームがつかなくても、不手際が分かった段階で謝《あやま》る。

基本的にはそのセクションの支配人が担当者を伴って謝罪する。たまたま応対したスタッフと別であれば、なおさら必要だ。お客さまが部屋に戻ったのであれば、まず電話で謝罪し、お客さまの都合のいい時間帯をたずねる。「その必要はない」と言われたら、もう一度、きちんと詫びて終える。「部屋に来い」と言われればお伺いし、「明日、出発のときでいい」と言われたら、そのときに詫びる。基本的にお客さまの都合に合わせることだ。

お客さまの都合に合わせて客室に伺ったら、まず、廊下から部署、職位、氏名を名乗り、ドアを開けてもらう。「先ほど連絡させていただいた支配人の○○です」でも十分だ。電話で話した当人以外だったら、目的も簡明に伝える。

それで名刺を渡して、その部署における自分の立場を伝え、「今回のことはスタッフから報告を受け、△△ということで、大変、ご迷惑をおかけしました」と言う。それで、事実をきちんと把握していることを知ってもらう。正確に掴んだ上で、謝罪していることを伝える。

その後、誠心誠意、お詫びし、「今後、××のようにします」と具体的な対策を述べ、二度と同じことが起こらないよう、周知徹底する旨、約束する。

事の重大性、問題の強弱に合わせて短く伝えたり長めに伝えたりする。ただし、簡潔明瞭であることが基本だ。

それで納得してもらったら、「今後、何かございましたら、私にご連絡ください」と、最後に必ず伝えておく。

何らかの理由でお客さまが不在だったら、手紙をおいておくこともある。

インペリアルフロアを担当するゲストアテンダント（通常のフロアのフロアマネジャーに該当する）で、こんな対応をした例がある。

朝、出勤してみると、夜勤明けのスタッフから、お客さまからクレームが出ているとの報告があった。タオルが汚れていたという。

すぐにでも状況をくわしくお聞きし、お詫びしたい。しかし、「起こさないで」というメッセージがノブのところに下がっているため、入室も電話もできない。そこで、お客さまが部屋から出てこられるのを待つことに。そうかといって、客室の前で立っているわけにいかない。他のお客さまに不審がられるし、迷惑にもなる。そこで、廊下を見渡せる位置にあるエレベーターホールのデスクで待った。

結局、お客さまは昼の一二時少し前くらいに出てこられた。そのタイミングできちんと謝罪し、理解を示してもらえた。そのため、三、四時間、待ったという。立ちっ放しであったことはいうまでもない。

苦情はカタチを変えた応援歌

クレーム、苦情には、基本的に感謝しよう。
それは、カタチを変えた応援歌にほかならない。
こちらが気づいていない解答の間違いを、
採点者が正してくれることでもある。
しかも、その後、改めて正解を採点者に渡せるのだ。
こんなありがたいことはない。
素晴らしいクレーム、苦情は表彰したっていい。

舞台裏の取引先も〝お客さま〟である

▼▼▼裏表をなくして、はじめて表裏一体になれる

百貨店やスーパーには仕入れた商品の搬入口が必ずある。ホテルでもそうだ。帝国ホテルも同じ。お客さまには分かりにくい場所に設けてある。

そのスペースに、使用済みの瓶《びん》をおいておくラックがたくさん並べてある。一〇〇平方メートルくらいの広さだ。

それらのラックは、たとえばビールなら、メーカー別に分けてある。それで、各メーカーが委託している瓶の回収車が、毎朝来て、ラックが一杯になっているものから搬出する。

ところが、あるメーカーの空き瓶用のラックに別のメーカーの空き瓶が入っていたり、その逆もあったりする。

また、乱雑に投げるようにして入れたり、ラックには順番に空き瓶を満杯にしてい

かなければならないのに、無視しておいていたり、スペースを残したラックがたくさん並んでいたりする。中身が少し残っていることさえある。

それを回収できる状態にする。帝国ホテルでは、本来、ホテル側でやるべきこと、と位置づけている。しかし、現状を見ると、徹底できていない。

それでは、搬出に携わっている人たちを幸せにできないではないか。裏でホテルを支える取引先も、お客さまのはずではないか。表向きはそうでも、裏では異なるのか。

そこで、購買部の支配人は、毎朝、七時半から八時くらいの間に、その空き瓶置き場に行って、回収車がすぐ積み込んで搬出できるよう整理している。八時から九時くらいの間に回収に来るので、その前に、空き瓶を移して満杯にしたり、メーカー別に仕分けし直す。ラックを含めきれいに並べる。中身の残りを捨てる。最後に掃除しておく。

回収する人たちと、直接、額を合わせることは、まずない。しかし、その人たちが気持ちよく仕事ができるようにしておきたい、という。「毎日、ありがとうございます」というメッセージボードを、よく見えるところにおいておいたらどうだろう。

裏表をなくして、はじめて表裏一体になれる

公平であるということは、
人を差別しないということだ。
裏表がないということでもある。
それによって、はじめて、表裏一体になれる。
しかし、人は考える葦《あし》である。
無意識に差別しかねない。裏表が出かねない。
ならば、その弱さをフォローする仕組みが必要だ。

難題には「間口」を広げて対処する

お客さまの顔をつぶさない

お客さまをおもてなしする表舞台からは見えないが、企業や団体を対象にした営業はシビアである。新規に開拓する場合、帝国ホテルを使ってもらえるようになるまで、二、三年かかることもザラだ。四、五年以上かかることもある。

そうした努力が実って、営業先から、「よろしくお願いします」と請《こ》われても、該当する会場が一杯だと、それまでの苦労が水泡に帰す。

それだけに、成約したときの喜びもひとしおだ。その喜びの分、企業や団体にとってはいうに及ばず、そのパーティに関わるすべての人に幸せになってほしい。だから、幸せづくりにつながる最適な提案を目指す。最適である以上、その提案は一つしかない。

ところが、実際は、二つ以上の案を用意する。「ただ、それは私の意見であって、人はそれぞれ、考え方や価値観が違うと思うんです。だから、いつも心がけているのは、松竹梅ではないですが、仮にＡＢＣというように、必ずいくつかご提案をさせていただきます」と、営業の支配人は言う。

要するに、お客さまのほうから選んでもらえるよう、複数のシチュエーションをつくっておくということだ。ただし、自分でベストと思っている案はある。その案を説明するときには、さりげなくアクセントを強める。

もちろん、どの案を選んでも、お客さまが幸せになる、そういう案でなければならない。どれを選んでも、安心してもらえる案であることが条件だ。

「どれがいいと思うの」と聞かれたら、遠慮せず、きちんと伝える。「この案です」とか「こちらの案は人気があります」というように。

説明する中で、相手は興味を持った部分に関心を示すので、その内容を強調する。関心を示さなかったり飽きてきたようなら、その話は早めに切り上げる。

そういった臨機応変な対応は、お客さまの表情や態度から敏感にキャッチする感性なしには成しえない。

途中で必ず、「何かご不明な点はございませんか」とひと言加える。そうすることで、十分に納得してもらい、「おたくに任せる」と安心して言ってもらえるようにする。「特にない」という返事だったり、黙っていても、その表情が晴れていなかったら、「この部分」と思える内容をもう一度、より分かりやすく、基本的には箇条にして伝える。

お客さまが自分で、「これこそ望ましい」と思い、強く提案されることがある。しかし、予想される参列者の顔ぶれや宴会の内容によっては、ふさわしくない、ベストといえないということもある。

そういう場合でも、ダイレクトに退《しりぞ》けない。それが話し合いの場での鉄則だ。お客さまの顔をつぶしたり、不快な念を持ってもらわないようにするためだ。

否定せずに、「なるほど、そうですね。そうであるなら、こういう方法も考えられますね」と選択肢を増やす。そういうとき、経験がものをいう。お客さまに幸せになってもらった体験や事例がたくさんあるからだ。新人なら、先輩の事例を事前にできるだけたくさん仕入れておくことが求められる。

お客さまが、「どうしてもやりたい」と決めていたとしよう。だが、客観的に見て、それだと結果的に満足してもらえそうにない場合はどうするか。

いったん、預かって持ち帰る。その場で決して全否定しない。ワンクッションおいてから、どうするのが一番いいか、みんなで話し合いを重ねる。それで、「『それなら、〇〇さまの案を汲みとって、こういう企画はどうだろうか』ということになりました」と再度、話すようにする。そのお客さまの案を少しでも反映させていく。

もちろん、よほどのことがない限り、お客さまの要望を受け、それをプロの視点で具体化していく。あるいは、一部だけ変更してもらう。

ある陶器メーカーのパーティを請け負ったときのことだ。パーティで使う皿をすべて、そのメーカーの皿で統一してほしい、という要請を受けた。皿の数は二〇〇〇～三〇〇〇枚である。すべて高級品だ。

その皿が到着するのは、宴会当日の朝だという。じつは、それが問題である。皿を箱から出し、一つひとつ点検し、万一のときは取り除き、すべてきちんと洗い、磨き上げなければならない。そのあと盛り付けに入る。

洗いは委託している洗滌《せんじょう》業者に担当してもらう。増員のために派遣業者にも手配してもらう必要がある。盛り付けについては、事前にその皿を見せ、その皿に合うような盛り付けを依頼しておく。

それで、分刻みでスケジュールをつくっても、やはり、間に合いそうもない。そこで、使う皿の数を減らしてもらった。一方で、その皿を会場に飾る案を出し、結果的に大変、喜んでもらえたという。

その皿の会社の幹事は女性だったが、これが最初の仕事で、「失敗したり不評だったら会社を辞めるしかない」と覚悟して臨んでいた。それが、好評裡《こうひょうり》に終わったため、パーティのあと、涙を流して喜んでくれた。

その五、六年後、その女性は自分の結婚披露宴を帝国ホテルで行なった。また、身内のお祝いのパーティを開いてくれたり、別のお客さまを紹介してくれた。

結婚披露宴を行なったお子さんやお孫さんから、「私もよろしく」と、二代、三代とわたって宴会を申し込まれることも少なくない。幸せの連鎖《れんさ》といっていい。

お客さまの顔をつぶさない

道はどんな場所からでも切り開くことができる。
海を前にした断崖、
深い渓谷《けいこく》をえぐる断崖の前からでも。
だから、諦めないことだ。
諦めそうになったら、
考えて考えて、さらに考えて考え続ける。
そうすれば、海に道が見えてくる。
渓流にも空にも道が見えてくる。

第5章

豊かな想像力が〝快い〟サービスを生みだす

——想定外のことがあっても、なぜ速やかに対応できるのか

「お辞儀」の仕方一つにも心を砕く

▼▼▼現出するシーンを想定する

ホテルのドアマンのドアとは、いうまでもなく車のドアのことである。お客さまの車の送迎だ。ドアの開閉、お客さまの乗降をサポートする。荷物の積み降ろしも手伝う。

それを繰り返すため、どうしても機械的になりがちだ。玄関に横づけする車が列をなして待っていると、なおのことである。

ところが、たったそれだけのシンプルで底が浅く思える作業を、豊かで奥の深いサービスに変えることができる。

帝国ホテルの二〇代のあるドアマンは、「いらっしゃいませ」といった挨拶一つでも、朝昼晩はもちろん、客層に応じて発声や表情、態度を変えている。

チェックアウトされたお客さまの荷物をトランクに積む際は、きれいに積むのは当然として、その荷物を降ろす際、どう並べて積めば降ろしやすいかを想定する。運転手にも、「荷物をお願いします」とひと言添える。

見送る際は、基本的に二回、お辞儀をする。タクシーやハイヤー、社用車が出発する際、お客さまがこちらを向いたり手をあげたりすることが多い。窓ガラスを少し下げるとか。

そういうお客さまの「ありがとう」というメッセージを確認し、お客さまの目を見て、「ありがとうございました」と伝える。

一般的には、最初から深々とお辞儀するが、それでは自分の気持ちを十分に伝えられないので、一度、少し上体を曲げながら目を見て挨拶し、その後、深々と丁寧にお辞儀するように変えた。お客さまがニコッと笑顔を返してくれることも多いので、自分もそれに笑顔を返し、その後、深く礼をする。

ただし、お客さまが正面を向いていたら、そのまま深々と一回お辞儀している。

ドアの開け閉め自体も丁寧であることはいうまでもない。

離れた位置から挨拶せざるを得ないこともある。顔見知りのお客さまに限らない。はじめて見るお客さまでも、離れた位置で目が合ったりする。玄関とはいえ、結構広い。

そういうときは、目でコンタクトをとり、「いらっしゃいませ」「ありがとうございます」というメッセージを伝える。さらに、必ず一歩前へ踏み出して挨拶する。そのほうが、「いらっしゃいませ」「ありがとうございます」という気持ちをよりハッキリ伝えることができるからだ。

どうだろう。一般的なドアマンのサービスと、このドアマンのサービスでは、どちらが感謝、歓迎の気持ちが伝わるだろうか。お客さまとのコミュニケーションがより濃密だろうか。いうまでもない。

では、その差はどこにあるのか。このドアマンは、ドアマンとはこういったもの、という世間の常識にとらわれていない。多くの場合、そういう常識をなぞって仕事をしている。これはドアマンに限らない。

口では、お客さまの立場にたつ、と言いながら、実際には、常識の立場にたつことを優先しがちだ。そういった世のならいを脱している。

また、想像力を使って、ドアマンとしてのサービスにはどういうシーンが現出するかを想定して、次に、そのシーンでお客さまに対する感謝、歓迎を、どうすればより強く鮮明に体感してもらえるか、自分の頭で考えて、創意・工夫している。創造力の活用である。

一般に、創造力の重要性は指摘されるが、想像力にはあまり焦点が当たらない。しかし、想像力なくして創造力はない。デッサン力が貧弱なのに、抜きんでた芸術品を描ける画家はいない。

では、想像力とは何か。自分が体験していないことを、具体的にイメージするチカラのことである。体験したことをヒントに連想したり、体験したことを推し量ったりしてイメージするチカラともいえる。

私たちは自分が事前にイメージしたことをなぞってカタチにしていく。行動とはそういうものだ。豊かにイメージすれば、行動も豊かになる。おもてなしについても、これは変わらない。

現出するシーンを想定する

私たち人間の行動は、
頭で事前にイメージしたことをなぞって、
カタチにしているにすぎない。
それが想像力《イマジネーション》だ。
常識的なイメージしか思い描けなければ、行動も常識的になり、
常識を超えてイメージできれば、行動も常識を超える。
想定外なことを想定できれば、想定外のことにも対応できる。

大胆に頭を働かせ、キメ細かく演出する

▼▼▼視野の広さがサービスの質を決める

帝国ホテルのお客さまの目や舌は肥《こ》えている。並のサービスでは満足してくれない。開業当初は、貴族ほか上流階級が主だったが、最近は一般のお客さまも増えている。そういうお客さまの目や舌も肥えてきたし、なにより、帝国ホテルに対する期待が大きい。

そういう中で常連客が多いのは、高い料金を払っても、それ以上のサービスや味を無償で得ることができるからだ。感動より深い満足を覚えるからである。感動は強い印象を受けるが、感動以上に深い満足は、あとでじわりと内側から広がってくる。

だから、一回につき何百万円、何千万円といった宴会でも、お客さまから深く感謝されたり、涙を流して喜んでもらえたりする。

その場合、イメージを喚起するといっても、アトランダムにやっては意味がない。

まず、必要な項目を出し、次にそれを構成し、細部にわたって深めていく。

たとえば、パーティなら、時間（式次第）、演出、人、料理、設備、什器・備品、小物類、会場やその周辺の空間、連携、動線、準備といった項目だ。

人でいえば、主催者、参列者、帝国ホテル、関連業者といった人たちであり、ホテル側はドアマン、ベルマン、ロビーマネジャー、フロント、オペレーター（電話受付）、客室予約、客室係、フロアマネジャー、ゲストアテンダント、ゲストリレーションズ、シェフ、購買、営業など、大半の部署が関わってくる。

そういった人たちの多くは、お客さまからは見えない。接しても一瞬だったりする。お客さまには聞こえない舞台裏で、オーケストラが名演奏しているようなものだ。それによって表舞台のパーティがスムーズに進み、盛り上がる。


受付一つとっても何人で対応するか。列席者を何を基準に分けるか。宛先入りの招待状を受けとるだけにするか、記帳してもらうか。名刺入りのカードを首から下げてもらうか、胸につけるか。バラなどの造花にするか、何もしないか。花をつけるとして、来賓《らいひん》は白い大輪のバラ、一般の参列者は小ぶりの赤いバラというように分けるか。

それをいつどこでどれくらいの数、調達し、誰がいつ運び入れて保管しておくか。

項目を出し、整理し、詳細を詰め、一方で全体を構成していく。

こういったことは経験を積めばできるようになる。帝国ホテルの場合は、一一〇年以上にわたり、日本の経済や社会、政治に影響を与えたり話題になるようなパーティを数多く手がけてきているので、なおのことである。常に、慌《あわただ》しいはずなのに、ゆとりを持って、洗練された優美な動きでカタチにしている。

ここで強調したいのは、そのためには一般にあまり着目されない想像力が極めて大きな役割を果たしているということだ。

想像力（それを足場にした創造力）を伸ばすと、自然に視野が広がる。ものごとを俯瞰《ふかん》できるようになる。高い視点から全体を見渡せるようになる。

そうなると、さまざまなサービスのシーンで、どうすれば、より深い満足を得てもらえるか、創意・工夫しながら準備し、カタチにしていくことができる。

視野の広さがサービスの質を決める

想像力を伸ばすと、それに連動して、
ものごとを俯瞰するチカラがついてくる。
その分、ものごとを広い視野で捉えて、
考え、分析し、行動できるようになる。
高い視座《しざ》で、遠方まで見渡せる。
鳥の目を持ったともいえる。
そうでない人との差は歴然としてくる。

お客さまのイメージを引き出す質問力

▼▼▼二人三脚でつくる幸せの合わせ絵

全体を俯瞰できるようになると、お客さまを幸せにするために準備し、その打ち合わせをするときも、より的確な話し合いができるようになる。

フローの流れ全体の中で、いまどの部分について打ち合わせをしているのか、宴会全体の中のどの部分について話しているのか、自分で位置づけながら話すことができる。

だから、話に説得力が増す。最終的に、お客さまに満足してもらえるカタチで話を先導できる。

それでいて、お客さまを主役にして話を進めることが必要だ。それがおもてなしの基本である。

では、どうしたらいいのか。

主にこちらからお客さまに質問し、それに答えてもらうように話を進めればいい。いわゆる質問力だ。何を知る必要があるのか。それについてどうしたほうがいいのか。当日、どういうシーンを実現すべきか。

細かいことはもちろん、全体についても頭の中に入っているから、これについてはどうたずね、その答えに対しどう質問し、次はどの話にもっていくか。ちょっとした会話でも、全体の中で位置づけながら進めることができる。

ウエディングコーディネーターは、結婚披露宴を開くまでに、平均四回、新郎新婦と打ち合わせをする。一回目は招待状の作成について、二回目が料理や花、会場のレイアウトなど、三回目は当日の進行（その際、ご両親にも同席してもらった上で、司会進行他について）、四回目は招待状、席順、司会進行などの最終確認だ。

帝国ホテルの場合、旧家、名家、格式のある家、社長や役員、その子どもといった人たちの披露宴も多い。そのため、ご両親が主催されたり、家と家との縁結びという色彩が濃かったりする。最近はそうでないケースも増えてきているが、まだまだ多い。

このような場合、新郎新婦との打ち合わせで、「私たちに任せてもらっているので」と、若者が好みそうな洋風のデザインやレイアウト、紙質などを望んでも、あとでご両親にも見せることが分かれば、「そのお気持ちは分かります。ただ、大体九割くらいの方はこちらを選ばれていらっしゃいます」と、招待状や封筒のサンプルのカタログを示す。金色の寿の文字が入っていたりするものだ。

「ただ、披露宴のほうは、お二人のアイデアをたくさんとり入れてやっていただいたほうがいいと思います。しかし、ご招待客については、ご両親のご招待という色合いが強いので、お二人の思いはあると思いますが、こちらのほうでいかがでしょう」と提案する。

コーディネーターとして、洋風にした場合の結果がイメージできるからだ。ご両親が反対し、結局、和風に着地する。その結果も見据えている。

もう一つ、重要なことがある。「大切なのは、お客さまにも具体的に想像してもらえるかどうか、ということです」と、ウエディングコーディネーターのマネジャーは指摘する。

もちろん、お客さまに具体的にイメージしてもらわなくてはならない。そうしてこそ、はじめて二人三脚でお客さまの幸せづくりができる。コミュニケーションが嚙み合う。あとで、そんなこととは知らなかった、そんなふうになるとは思わなかった、ということもなくなる。

そうはいっても、売っているのは空間でありソフトである。目に見えない。そこで、打ち合わせの段階で会場を下見してもらう。それで、「ここが受付です。それで、早めにこのドアを開けて中に入ってもらいましょう。遠くからフライトでいらっしゃる方は、早く到着されることが予想されるので、別室もご用意されたらいかがでしょう。会場から近く人数的にも大丈夫なこの部屋はどうでしょう」などと。会場のレイアウトやセッティングは当然だ。

看板は早めに案を作成して校正し、お見せする。それだけ見ても感じが掴みづらいので、過去の実例画像も見せる。文字の大きさは妥当のように見えても、実際に掲げると小さくて見えにくい、といったことも分かる。

二人三脚でつくる幸せの合わせ絵

イメージは、自分で豊かに駆使できればいいわけではない。
お客さま自身、豊かに具体的にイメージできて、
はじめて完成する。
そのためには、お客さまを先導して、
イメージを引き出すことが必要だ。
未来のことが、いま目の前で実像として展開しているくらい、
生々しく描いてもらう。
それで、幸せにつながる合わせ絵ができる。

掃除でなく〝つくりなおす〟という発想

ちょっとした気づきの実践

創造力が必要なことはいうまでもない。

とかく、創造力というと、立派な偉い発明を連想し、むずかしく考えてしまう。しかし、ちょっとした創意・工夫と思えばいい。これまで気づかなかったことに気づき、それをただ実行するだけでいい。いつも見ている、いつもやっていることなのに、気づいていないことは、想像以上に多い。

コミュニケーションについてもこれはいえる。お客さまとのコミュニケーションというと、直接、接することによる交感や心と心のやりとりと思う人が多い。しかし、ものを介したコミュニケーションもそうだ。

たとえば、客室だ。インペリアルフロアの客室にはリクライニングシートがあるが、足を乗せる台とセットになっている。そのシートと台をきれいにし、直線になるよう一センチの狂いもないように並べたらどうだろう。ベッドメーキングの際、シーツや布団をきちんと揃えるのはもちろん、シーツの真ん中に線があるが、それと布団の織り目の線が一センチの狂いもなく重なるようにしたらどうだろう。

本当にきれいに見える。メリハリがきいて、ひと際きれいに感じる。お客さまは自分が大切に思われていることを肌で感じる。現に、それを実践している担当者がいる。

二泊以上のお客さまには、戻られたとき、くつろげるよう配慮する。たとえば、椅子の両肘《りょうひじ》のところにタオルがかけてあれば、新しく替えて、その同じ場所に同じ種類のタオルをかけておく。コーヒーパックをすべて飲んでしまわれているお客さまには、いつもの数量を補充するだけでなく、二、三個分増やしておく。窮屈なことがきらいでベッドの足元の布団をくるむのを外しておられたら、同じように外しておく。

ふつうの毎日の掃除自体、五〇から六〇項目のチェックがある。掃除が終わったあと、インスペクターという係がチェックし、最後にフロアマネジャー（インペリアルフロアはゲストアテンダント）がチェックする。

さらに、お客さまがリピーターになり常連客になると、そのお客さまが安らげる状態がどういうものか、しだいに明確となり、その分、対応すべき項目も増える。多いお客さまだと四〇項目くらいに及ぶ。A４サイズの用紙が一杯になるほどだ。

たとえば、空調の羽根を下に向けておく。あるいは上に向けておく。デスクの上のさまざまな案内を端に寄せておく。あるいは引き出しに入れておく。ゴミ箱の位置を窓側の隅に移しておく。専用の枕をおいていかれることもあるので、それをセットする。

常連のお客さまになるとお気に入りの部屋ができ、いつもその部屋に泊まるというようにこだわりが強くなる。そういうお客さまと、ものを介してコミュニケーションをとり、「ありがとうございます」という気持ちを体感してもらう。

そういった意味では、掃除というより〝部屋をつくる〟といったほうが適切だ。

たとえば、インペリアルフロアで、一フロア五五室くらいあるので、最大五五室分のセット情報を毎日、掃除担当者に伝えることになる。

ものを介したコミュニケーションでさえ、そうなのだ。ましてや、ダイレクトなコミュニケーションはいうに及ばない。

ちょっとした気づきの実践

創造力といっても、科学者の使う創造力とは異なる。
要するに、創意や工夫である。
これまで気づかなかったことに気づき、
それを実行に移すだけでいい。
「喜んでほしい」という熱い思いを抱きながら、
冷静に、他人の目で見るように、
客観的にものごとに接することだ。

小さな創意・工夫で「思いやり」のタネをまく

▼▼▼心の手で握手を求める

創意・工夫は簡単ではない。ふだんの仕事の仕方に慣れ、体の底からなじんでいるためだ。

しかし、それは自分に対する甘やかしである。自分に対する依怙贔屓《えこひいき》だ。それでは、お客さまに本心から、「ありがとうございます」と感謝しても、全心でなく心の半分で、「ありがとうございます」と言うに等しい。

本当にお客さまに感謝し、その感謝を体感してもらおうとすれば、自ずから創意・工夫が出てくる。

お客さまとの関係が、最初は他人であっても、未来を先取りして、こちらから手を出し握手して親交を結び深めることだ。そのあらわれが創意・工夫である。心の手で握手を求めていくことを意味する。

ランドリーを例にとろう。たとえば、お客さま自身、気づいていなかった点について検品の段階で見つけたとする。その際は、必ずお客さまに確認をとった上で作業に入る。しかし、お客さまが不在の場合もある。そのため、「お知らせ」や「ランドリーよりのお知らせ」というフォーマットレターをつくり、客室においている。「スレあり」「傷あり」「脱色あり」「穴あり」「破れあり」「ほころび／裾ほつれ」「ボタンなし／ボタンの欠け」「てかり」「糸ほつれあり」といった項目を設けて、その項目の□欄に「レ」を入れるようにしている。

しかし、その衣料品のどの場所なのか、お客さまは分からない。そこで、「前」「内側」「後」のどれかを○で囲むようにし、さらに、イラストで衣料品をパターン化、図示し、その該当する箇所をオレンジ色で斜線を引き、ひと目で分かるようにしている。白い用紙なのでよく目立つ。男女どちらでも対応できるようパターン化した面白いイラストだ。これなら、お客さまも、ひと目で分かる。

本当にお客さまのことを考え、こうすればメッセージの内容を理解してもらえる、イメージしてもらえる、ということをカタチにしている。

心の手で握手を求める

人間は長い歴史の中で、
言い訳する回路を異常なほど発達させてきた。
それは、とりも直さず、
自分に対し依怙贔屓していることを意味する。
それに気づき、痛みを伴っても抜け出そう。
創意・工夫もそこから生まれる。

第6章

声だけのやりとりで信頼を得る

——短いやりとりで、なぜお客さまの心をつかめるのか

声に化粧はできなくても「心の笑顔」は伝わる

▼▼▼声は〝心の窓〟である

見た目、という言い方がある。しかし、聞く耳、という言い方はしない。なぜなのか。見た目とは、見たときの印象という意味だ。だから、見た目が大事、といったりする。中でも第一印象であるとか。帝国ホテルの婚礼予約を担当している女性は、最初にお客さまに会う際、目一杯、笑顔で話すという。婚約者や新郎新婦は緊張していることが多いため、その緊張を解く意味がある。

では、電話で声だけのやりとりをした場合はどうだろう。耳で聞きとった声の印象が大切なことはいうまでもない。

しかし、二回、三回と電話でやりとりしても、その印象が変わることはほとんどない。実際に会ってみると声の印象より年齢が上だった、あるいは若かった、ということはある。

しかし、声の印象と人柄が真逆だった、ということはまずない。声だけのやりとりのほうが、不思議なくらい心がむき出しになる。相手の心のすべてが、声そのものに移動して耳元で話している感じがする。


人の感情も同じだ。苛々《いらいら》している、苛々を抑えている、急いでいる、弾んでいる、機嫌が悪い、明るい、伸びやかだ、などと手にとるように分かる。

そうであるなら、実際に会って話す以上に心配りしながらやりとりすることが必要だ。ところが、見えないからと生半可な声や態度で応じたり、心を弛緩《しかん》させて声だけはいかにも明るく元気そうにしたり……。

そんな対応はすぐ見透かされてしまう。皆、電話では裸の王様、心の貧者になる恐れがある。


帝国ホテルの『レ セゾン』や一階にある『パークサイドダイナー』、地下一階の『ラ ブラスリー』、あるいは電話窓口のオペレーター室などでは、言葉に感情を乗せるようにしている。そうしないと電話をかけてきたことに対する感謝、歓迎している気持ちが伝わりにくいからだ。

「そのありがたい、という感情を言葉や表現に乗せて、『お電話ありがとうございます』とか『かしこまりました』と言うようにしています」と、『レ セゾン』の支配人は言う。

最初から最後まで電話でのやりとりに終始するオペレーターは、ふだんから、特に体調に気をつけている。体調を崩すと、もろに声の質や抑揚に影響を与えるからだ。明るくしても、どこかで伝わってしまう。その恐れが大きい。

敬語にとらわれて意識がそちらに行っていると、一歩引いている印象を与えてしまう。心の動きがぎこちないというか。もちろん、敬語を正しく使うに越したことはないが、たとえ、少しくらい言葉を間違えても、お客さまに感謝し歓迎しているという気持ちを伝えることを優先したほうがいい。

電話でのやりとりを業務にしているオペレーターは、自然に、電話の向こうにいるお客さまの人柄やそのときの感情を掴む能力が伸びる。たとえば、お客さまは相槌を打っているけれども聞いていないとか、聞いているけれど納得していないとか。また、そういったトレーニングも積む。一〇秒、二〇秒の間に、このお客さまはどんな気持ちで電話しているのか、的確にキャッチし、的確に応対するためだ。

自分たちの感情もコントロールできなければならない。そのトレーニングの一つとして、自分の会話を録音し、あとで再生して聞いて、何をどう直したらいいか、耳で確認し、レベルアップにつなげる。

以前、オペレーター室の責任者だった女性が、自分の体験を話してくれた。

「はじめて自分の通話を聞いたとき、びっくりしました。お客さまに対し、自分では心をこめて話していたつもりだったんです。ところが、どんどん電話がかかってくるでしょう。次の電話がかかると、交換機のライトが点灯します。そうすると、そのいま話している電話を切ってとらなくちゃと思うじゃないですか。そう思っている気持ちが全部声に出てるんですね」

最後の「ありがとうございます」「またお待ちしています」という挨拶も、上の空になっていたという。

このように自分を客観的に見る（聞く）ことによって、それを乗り越えてゆく。

オペレーター室には、「えごえ」という言葉がある。「笑声」だ。声に笑顔を乗せて話すという、そういう状態だ。そのためには、心が笑顔になっていなければならない。それが顔にも出る。

実際にオペレーターに目の前で、「ありがとうございます。帝国ホテルでございます」と笑声で言ってもらった。すると、部屋がパッと明るくなったような感じを受けた。少しだけ高めの明るい声である。

だから、一人ひとりのオペレーターのパソコンの前には、小さな鏡がおいてある。手にとりやすいよう極めて軽い。帝国ホテル仕様だという。真正面でなく、斜め右や斜め左においておく女性もいる。自分の表情の一番見栄えのいい角度においているらしい。

それで、一日に何度も、口角がきちんと上がっているか、笑顔になっているか、必ず鏡を見て確認する。

声は〝心の窓〟である

電話でのやりとりでは、〝見た目〟が欠落している。
声だけがむき出しになる。
そうかといって、声に化粧をほどこすことはできない。
その分、ふつうより気持ち一つ、
感情を声に盛り込むことだ。
「ありがとうございます」という気持ちをこめ、
声に笑顔を乗せることだ。

声には〝目鼻立ち〟をつけよ

▼▼▼声そのもののクオリティを高める

お客さまにとって聞きとりやすい話し方も必須だ。

オペレーター室では、毎日、発声練習をしている。お腹から声を出しながら五〇音をやる。「あえいうえおあお」「かけきくけこかこ」といった発声だ。

その後、「おはようございます、帝国ホテルでございます」「ありがとうございます、帝国ホテルでございます」などと、名乗り方の練習もする。ただし、込み入った話のときや、話をいったん手元で保留しておくようなときは、「〇〇が承《うけたまわ》りました」と伝えなければならない。当然、その練習も行なう。

前述したように、電話をしている自分の声を録音して、あとで聞くこともよくある。

自分が思っている以上に声のトーンが低いとか、妙に高っ調子とか。そうなると、お客さまに違和感を与える。また、声が聞きとれない恐れがある。

また、話している中で、聞きとりにくい声があったりする。「お世話になっております」というとき、〝に〟と〝な〟がくっつき、かぶさってしまうとかだ。「少々（しょうしょう）お待ちください」の〝う〟と〝お〟がくっつくとか。自分の苗字《みょうじ》を名乗る際、特定の音が行方不明になることも……。

そういった課題を意識しながら、発声の練習をする。


あるベテランのオペレーターは、ここ一年半ほどボイストレーニングに通っているという。ベテランであるのにボイストレーニングを受けているのは、喉《のど》の筋肉を一から見直し、鍛え直すためだ。

日本の年配の女性は、嗄《しわが》れ声になりがちだが、これは、声帯の筋肉を十分に使わなくなるためだ。

また、乾燥している日は、夜、寝る際にマスクをするオペレーターもいる。人の多い店に入るときもそうだ。夏は、とかく口がいがらっぽくなるので、うがいを欠かさない。水分を補給するにしても、冷たいものは避ける。温かいものを摂るようにしている。夜勤の際は、夜食で辛いものを控える。それでも風邪をひき、喉が炎症を起こし腫《は》れたりすることもある。そういうときは、「聞き苦しくて申し訳ありません」などと謝ってから話す。

発音の紛らわしい数字は言い方を変えている。一七日の場合、〝じゅうななにち〟と発音する。〝しち〟は〝いち〟や〝はち〟と間違われやすいからだ。英語だとアルファベットの「T」と「P」、「B」と「V」など間違いやすい場合、「トウキョウの〝T〟ですね」などと確認することにしている。

また、日にちは必ず何曜日かをつけ加える。「五日、金曜日でございますね」というように。

緊張すると早口になりやすい。また、もともと早口だったりもする。そういう場合、特に出だしが早口になるので、話全体はもちろんだが、出だしは意識してゆっくりめを心がけなければならない。

息継ぎがきちんとできないと聞きとりづらくなるので、その点も直していく。

声そのもののクオリティを高める

声だけでその思いを遣わそうとするなら、
内容もさることながら、
声そのもののクオリティをアップさせたほうが、
より直に伝わる。
発音や発声にメリハリをつけると、
声という顔立ちにメリハリがつく。

伝言の仕方で「気配り度」が分かる

問われるコミュニケーション・センス

ホテルにかかってくる電話の内容はじつにさまざまだ。必ずしも接続先（または担当部署）が明確ではないことも多い。そんなときは、お客さまの用件を、いったん、オペレーターが手元に保留しておく必要が生じる。

オペレーターがお客さまから用件を聞くときは、そういう場合を想定しながら受ける。

まず、必ずメモをとる。早口のお客さまや英語だったりすると、話の内容を追うだけで手一杯になるため、基本的にはキーワードをメモするようにし、余裕があれば、ポイントを短く箇条書きにする。

ただ、お客さまの話し方には一定の傾向がある。重要な用件を冒頭で話すことが多い。大事なキーワードが冒頭に出てくる。だから、特に話の冒頭では神経を集中させる。ベテランになると、メモをとらなくても対応できるが、万一という場合に備え、実際はメモをとるようにしている。

それで、話の最後に、内容を要約し、その要約した内容に間違いがないか否かを確認し、その上で取り継ぎ先に接続して、お客さまの用件を伝える。

要約は瞬時に行なわなければならない。「ええ」とか「そのう」とか何度も言うようでは失格だ。一瞬のうちに最適な反応が求められるという意味で、アスリートに求められる能力に似ている。しかも、相手も機敏に頭を回転させている、そういう人が多い。互いに好敵手のピッチャーとバッターに擬《ぎ》すこともできる。

それが、思いやりのプロに求められる能力だ。

また、相手（接続先）が不在だった場合、メモで伝言することもあるので、社名や氏名などはどう漢字で書くか、その確認も必要だ。一般に知られている企業や話題になっている企業などは、事前に新聞やインターネット、『会社四季報』などで記憶しておく。たずねることが失礼になるからだ。その際、メッセージのフォーマット用紙を用意していることはいうまでもない。

営業を含めメッセージを伝えたら、その日時、オペレーターの誰が伝えたのか（電話を受けた本人以外ということもある）を明記しておく。

お昼休みや退社時、スーパーバイザーという上の立場の人に引き継ぐことがあるからだ。また、電話をかけてきたお客さまから、どうなったかという確認の連絡が入った場合、その後の状況を正確に伝えることもできるからである。

なにもオペレーターに限らない。他の部署でも同様だ。たとえば、管理部会計課のある女性は、電話がかかってくると、相手を待たせないよう、誰よりも早くとる。また、話すべき当人が不在のときは、伝言メモをテントのカタチに折って、その人の机の上のキーボードに載せておくという。

なるほど、これなら、他の書類に紛れて、見ていなかった、などという行き違いが起きない。

問われるコミュニケーション・センス

コミュニケーションに本当に心がこもっているかどうかは、伝言をことづかったときの対応で分かる。

電話の相手に対し、用件を復唱しているか。

氏名や企業名を漢字で確認しているか。

メモに必要事項を記入しているか。

そして、メモが他の書類と紛れないよう気配りしているか。

電話する前にストーリーを組み立てる

▼▼▼電話一本にも段取りが必要だ

恋は自分の身を焦《こ》がす炎であり、愛は相手の心を温める火である。

そんな恋をすると、なんとか自分の恋心を伝えたい、デートしたい、さらにその後のことまで妄想する。中学から高校、大学、そして、社会人になって二、三年くらいまではとくにそうだ。どう話を切り出すか、どう恋心を打ち明けるか、デートまでもっていくか、デートはどこにするか、いろんなパターン、ストーリーを食事や勉強を忘れて考える。

私が子どもの頃は手紙中心だったが、いまは携帯やスマートフォンだろう。

これはもう完全に段取りの世界だ。段取りというと、ビジネス、それもふつうより大きな仕事やプロジェクトを連想する。

しかし、小さな仕事やふだんの仕事でも、段取りの必要性は変わらない。電話についてもそうだ。そうしないと、お客さまとの間に誤解や行き違いが生じる。

お互いに気づかないままやり過ごしたり、気づいても伝えるほどのことではないなどと勝手に解釈してしまう。じつは、そういった誤解や行き違いは頻発《ひんぱつ》している。頭の中で一瞬、「あっ、違う」と思ったり違和感を覚えたりするが、すぐ忘れる。そういった積み重ねがサービスを知らず知らずのうちに劣化させている。

気づいて謝罪したり、あるいは詫びさせられたりするのは、むしろ、幸運なのだ。

しかし、最初からそういった誤解や行き違いをゼロにするよう対応するのがベストだ。こちらから電話する際は、起承転結でストーリーを組み立てておく。込み入った話の場合は当然だが、通常の電話でもそうだ。頭の中で組み立ててから話す。話す内容やストーリーの展開をメモしておく。

帝国ホテルの購買の支配人は、「電話をする前に話を組み立て、そのとき、私が話すのにどれくらい時間がかかり、相手にその時間があるのかないのか、いつならその時間がありそうかを考えます。次に、その電話の相手に話し、納得してもらうためには、どこまでの中身のレベルが必要なのかを想定し、その上でメモをとってから電話します」と言う。

そして、まず、連絡した目的を最初に伝える。「お願いごとがあって連絡させていただきました」というように。あるいは、「お詫びしないといけないことが生じたので電話させていただきました」というように。

次に、「五分ほどお話ししてもよろしいでしょうか」と大体の目安を伝えて了解を得る。


その支配人はキャビアを例にあげてくれた。

社内でシェフに新規のキャビアを提案したい、そのための試食会を開きたい、その了解を得るための料理長に対する電話だ。

「じつは、今度、試してみたいキャビアがあるんです。いま、キャビアは値上がりが続いていて、このまま放置しておけないので、品質面では従来のものと遜色《そんしょく》がなく、価格がリーズナブルなものを新たに仕入れたいと思っています」というように伝え、その値上がりの背景を簡潔に話す。また、その新しいキャビアを味わっていないなら、どういうキャビアなのか、特徴を短く、かつ、的確に伝える。

購買という立場上、自分の知っている情報はたくさんあるので、何をどれだけ話すかを考えてから電話をする。電話先の相手の反応を見ながら話す。そうしないと、話が長くなってしまう。論点もぼやけてしまう。くわしく話すという親切心が仇《あだ》になる。冗漫《じょうまん》な人という印象を与えるし、話そのものもまとまらなくなる。まとまりのない話をすれば、ビジネスというカタチをとった雑談に限りなく近づく。

また、「購買の○○さん、いらっしゃいますか」と電話がかかってきたときに、「私が○○ですが」といった口調で話さないようにしている。

これまで取引のないメーカーから、「○○という食材を使ってもらえないか、試食させてほしい」という電話が来たときも、その方に失礼のないよう、それどころか、提案してきてもらったことに心から感謝、歓迎し、「ありがとうございます」と伝えている。

電話一本にも段取りが必要だ

電話では、過不足なく話すこと、
要を得て簡に伝えることが大切だ。
また、順序よく話すことも求められる。
そのためには、電話をする前には話を組み立て、
メモにしておくほうがいい。
それを繰り返していると、そのための思考回路が発達する。
頭の中でクッキリとメモがとれるようになる。

電話応対のプロは「息継ぎ」の大切さを知っている

▼▼▼いかにしてイメージを鮮やかに伝えるか

電話だと、実際に会って話すよりコミュニケーションがレベルダウンしかねない。一つには、表情や動作によるメッセージがゼロだからだ。もう一つは、声だけだと話の内容をイメージに変換しにくいからだ。

この場合、前者についてはどうしようもない。しかし、後者については対応できる。とにかく、電話の相手が頭の中で絵を描けるよう、イメージを具体的に伝えるようにすることだ。そのためには、こちらが話すとき、頭の中で絵を描きながら、その絵のポイントを伝えるようにすることが大切だ。

完成度の高い絵であればあるほど、無駄な点や線、色、ものを排除している。それと同じことである。

ただし、実際は絵という以上に、デザインに近い。電話の相手の頭の中で、デザインをクッキリと描いてもらうには、話の内容で不要なことはカットし、重要な点をしっかり描くことである。カンディンスキーのような抽象画を描くわけではない。

たとえば、いま、オペレーター室に、JR有楽町駅構内から帝国ホテルに歩いて行きたいが、どう行けばいいか、という道案内の依頼があったとする。

その場合、「日比谷口から出ていただくと、道の向かい側にビックカメラがあるので、道を渡っていただいて、すぐ左に曲がってください」と話す。その際、重要なのは、「晴海通りを越えて」とか「その先にいろいろな店があって」といった説明を省略することだ。

そして、「JRのガードを左手に見ながら、ガードに沿って真っ直ぐ歩いてください。そうすると三分ほどで右手にホテルが見えてきます」と伝える。所要時間を伝えることは重要だ。空間のイメージを時間で計れる。また、そうしないとお客さまを不安にさせる。

最後に、「その角にカフェがありますが、その向かいが当ホテルのタワー館です」と話す。

こういったように、お客さまの頭の中でデザインを鮮明に描いてもらうためには、じつは、一見関係なさそうな〝息継ぎ〟が重要になってくる。短く切ってしまうと、文章がブツブツ切れてしまう。その分、聞きづらくなり、絵を描きにくい。息継ぎせずに、ある程度までひと息で話す。

有楽町駅からの道案内でいえば、「JR有楽町駅の日比谷口から出ていただきますと、横断歩道がございます」をひと息で話す。「JR有楽町駅の」「日比谷口を出ていただきますと」「横断歩道がございます」と息を二回継ぐと文章が三つに区切られ、分かりづらい。二つでも同様だ。

それに、お客さまとしては、そこまでが一つの動作である。その一つの動作を一つの単位として息を継いでゆく。

こういった、一見、無関係なことを関係づけて、コミュニケーションをレベルアップしていくのも、おもてなしのプロならではである。

いかにしてイメージを鮮やかに伝えるか

電話でイメージを伝える必要が生じたら、
デザインを描いてもらえるようにして伝える。
そのためには、自分の頭の中で、
鮮明にデザインしておかなくてはならない。
また、一見、無関係に見える息継ぎも大切だ。
息継ぎが的確なら、デザインの輪郭が鮮やかになり、
息継ぎが多すぎると、その輪郭がブツブツに切れてしまう。
長すぎると、のっぺらぼうになる。

第7章

コミュニケーション自体もサービスである

――意に背《そむ》いても、なぜリピーターが増えるのか

本物のおもてなしには〝芯〟がある

無駄をそぎ落としたサービス

あなたは、おもてなしに対して、どんな印象を抱いているだろう。どこかヤワなイメージを払拭《ふっしょく》しきれない人もいるはずだ。

しかし、それは誤解である。中途半端ならともかく、本物は異なる。物腰はやわらかいが背筋はピンと張っている。無駄をそぎ落とした武道の動きのように機敏で、それでいて優美だ。順応性に富んでいるが従順とは異なる。柔軟だが軟弱ではない。芯《しん》を持っている。本当の柔はその奥に剛を秘め、本当の剛は柔でもある。

たとえば、帝国ホテルのドアマンは、冬になるとマントを支給されるが、それでは動きが鈍くなってしまうので、どんなに寒いときでも着ないというドアマンもいる。

そうかといって寒すぎても動きが鈍くなるので、下着をふだんより多めに着ている。半袖シャツ、長袖シャツ、ベストなど、六枚も着ているという。二五〇人前後の大型宴会が重なると、タクシーやハイヤー、社用車が列をなし、その誘導でてんてこまいになる。その際、焦らず、心も体も余裕を持って動きたい。「少しでも動きが鈍くなって、気持ちも体も瞬発力を失うのがイヤ」だと言う。

また、帝国ホテルは個性派揃いだ。個性はおもてなしにとって邪魔になる。そう思われがちだ。漠然とでもそう思っていないだろうか。しかし、逆である。個性豊かだからこそ、お客さまの個性を理解し、その個性を汲みとったサービスを展開できる。

個性豊かだからこそ、コミュニケーションが無味乾燥にならない。豊かなコミュニケーションを望める。帝国ホテルのお客さまには世界で活躍している人物が少なくない。そういうお客さまの大半は個性豊かである。強烈だったりする。そういう個性とわたり合えるのは、従業員も豊かな個性を持っているからにほかならない。

ただ、その個性をむき出しにしていない。大きな強い個性でも、それ以上に大きな包容力《ほうようりょく》や温かさ、教養や知性、広い視野に立った行動によって目立たないだけだ。

フロントを担当して二年目の若者がいる。二〇代前半だ。ベルマンも経験している。この若者は、日本はもちろん世界のいろんな国の歴史や地理にくわしい。しかも、体験に裏打ちされている。一七歳のとき、バックパッカーとしてアフリカに行き、それを機に、海外に興味を募《つの》らせ、イスラム教やムスリムの文化をたずね、エジプト、トルコ、カタールやアメリカ、ヨーロッパと旅を重ねる。

とにかく、調べるのが好きなのだ。「調べることが苦にならない。むしろ、喜びです。それが現場で役立っています。たとえば、海外のお客さまと接することが多いですよね。そこからその国に興味を持って調べます。で、後日、その方が再来される。また、その国出身の別な方がいらっしゃるときに新しい会話が生まれるでしょう。そういうことがよくあります」と言う。物腰はやわらかいが、人柄に逞《たくま》しさを感じた。

そうしたコミュニケーションもサービスの一つと捉え、シビアに損得を考えながら、損得を超越したサービスをつくり、提供する。コストゼロ、あるいは低コストでその何倍もの価値をつくり出し、その一部を無償で提供する。お客さまもそれに応え、損得を超越して応えてくれる。少なくとも、人間同士の付き合いに至る。

無駄をそぎ落としたサービス

おもてなしというと、どこかヤワな感じがつきまとう。
しかし、本物のおもてなしは異なる。
じつは無駄をそぎ落とした武道のように機敏だ。
優美でもある。
順応性に富んでいるが、従順とは異なる。
柔軟だが、軟弱ではない。
芯を持っている。

雑談のようにくつろぎながら本題に集中する

▼▼▼会話に心地よさを加味するコツ

コミュニケーションはサービスを的確にし、レベルアップするための手段だが、おもてなしということでいえば、それ自体もサービスの一つといえる。

そのコミュニケーションで、お客さまに深い満足、充実感を得てもらうには、前項で述べたことが前提になるが、そのほか、次のような能力も意識的に伸ばさなくてはならない。

一つは感受性である。お客さまの心の中、底の底、隅の隅まで分け入って、お客さまが本当に伝えたいメッセージを受信しなければならない。二つ目は豊かな感情である。感情が豊かであれば、お客さまの感情に共鳴でき、その機微を理解し対応できる。三つ目は、想像力や創造力だ。四つ目は、お客さまに共感してもらったり、納得してもらうために必要な論理性である。

また、基本中の基本として身だしなみも欠かせない。お客さまと、直接、接することがまずないオペレーターでさえ、身だしなみに気をつけている。お客さまと顔を合わせない分、つい疎かになりかねない。それだけに、なおのことである。手や足の爪を伸ばさない。少しでも伸ばしていると、先輩や上司がきちんと切らせる。

姿勢についてもこれはいえる。ある営業担当者が、学生時代の友達と有楽町で飲み、友達と会えた嬉しさと裃《かみしも》を脱ぎ捨てた心やすさで痛飲し、意識が飛んでしまったという。それでも、近くにある自分が勤める帝国ホテルのバーで改めて飲むことになり、みんなで繰り出した。あとで聞くと、かなり酔っているにもかかわらず、背筋をきちんと伸ばしていた。ロビーを歩いているときはとくにそうだったらしい。つまり、背筋をピンと伸ばすことが、体の芯までしみついているのだ。

話のやりとりは的確に受け答えするだけでは十分といえない。鋭い感受性を働かせる。言葉に感情を乗せる。想像力や創造力を働かせる。教養や経験に裏打ちされたエピソードを披露したり、お客さまにとってこれ以上ないというベストの提案をする。必要なら説得する。

また、発音が明瞭で心地よく響くことが肝要である。お客さまに合わせて言葉を選ぶことも大切だ。お客さまの言葉に、自分の言葉をかぶせたりしてはならない。前章の電話でのやりとりを徹底することが、顔を合わせたコミュニケーションでも必要となる。


ただ、一つ違うのは、顔を合わせたコミュニケーションでは、雑談も重要な意味を持つということだ。雑談で、その人の知識の広さや教養の深さ、どういう人物なのかが焙《あぶ》り出される。そういう意図がなくても、自然に出てしまう。

実際のおもてなしに直結した会話はもちろんだが、雑談でも話を深掘りできなければ失格である。そういった対応をトータルでとることで、お客さまに会話を心地よく感じてもらえる。

会話に心地よさを加味するコツ

会話それ自体も、おもてなしの一つである。
コミュニケーションそのものが、サービスの一つなのだ。
そのためには、打ち合わせでありながら、
打ち合わせと感じさせないようにする。
雑談のようにくつろぎながら、本題に集中する。
お客さまとこのようなコミュニケーションをとるためには、
常に、自分自身としっかり対話しておくことが大切である。

「何げないこと」に感謝されるのは一流の証

▼▼▼〝人柄〟それ自体がおもてなし

帝国ホテルの社員は謙虚だ。明るく爽やかで素直、そして落ち着いている。例外もあるが、全体の傾向としてそうだ。

その温かい人柄も、お客さまの心を引きつける。

たとえば、女性はとかく同性に対して厳しい。お客さまという立場にたっても、その傾向のあることは否めない。そのため、女性の従業員の接遇に対しても、相対的に褒めてもらえることは多くない。

ところが、インペリアルフロアのあるゲストアテンダントは、立て続けに、女性のお客さまから、客室に備えつけのコメントレターで褒められた。ゲストアテンダントになってまだ三、四年の若手である。どちらも、女性一人で宿泊されたお客さまだったという。

では、どういう点について褒められたのか。

じつは、それほど驚くようなすごいサービスをしたわけではない。お客さまが荷造りされる際、ちょうどいい大きさの箱とか紙袋を探してきただけだという。

そういったおもてなしは、他の従業員でも日常、ごく当たり前にやっている。他のホテルでも同様だろう。それなのに、なぜ、立て続けにそのゲストアテンダントにコメントレターが寄せられたのか。

おそらく、女性一人で泊まるということで、不安になったり緊張したりしたが、その不安や緊張を溶かしてくれたからにちがいない。

「日頃から明るく、一生懸命、お客さまの立場にたって真摯《しんし》に取り組んでいることが、お客さまに伝わったんだなって思います。たとえば、なかなかとれないチケットをとって差し上げたということで感謝されることはあっても、何げないことで喜んでいただくのは、じつにむずかしい。そのむずかしいことをカタチにしてくれたんです」と客室関連部署を統括する女性は話してくれた。

〃人柄〃それ自体がおもてなし

当たり前のことを当たり前にする。
あまりにも当たり前すぎて、
感激されたり深い満足を与えることはまずない。
それでも、感激されたり深く満足してもらえる道がある。
衒《てら》いがまったくない人柄。
なにより、その人のそばにいると、
まだ土の中にいる自分を、手招きする
春の光に包まれたように温かくなる。
自分が地中から顔を出し、花を咲かせたように感じる。

お客さまの意に背いても〝進言する〟のはなぜか

▼▼▼生かされているという自覚

腰が低く物腰もやわらかい。ホテルマンのそういった態度を見ると、低姿勢、お客さまをたてている、という印象を持つ人が多いのではないか。

確かに、低姿勢を意識して、ことさらそうしているホテルマンもいる。帝国ホテルでもゼロではない。自分たちは客商売なので、好印象を損《そこ》なったらあとが怖いとか。しかし、そのため低姿勢であるのは、むしろ例外といっていい。

では、なぜ、そういった態度をとっているのか。

それは、お客さまを含め、さまざまなことに対して謙虚だからである。一つは、周りによって自分は生かされていると思っているからである。一つは、自分の至らなさを自覚しているからである。その思いが洗練されたカタチで出ている。洗練された謙虚さの証なのだ。

現に謙虚でありながら、言うべきことは遠慮せずに伝えている。遠慮せずにというとあからさまに、とか、むき出しに、と思われるかもしれないが、まったく違う。

謙虚なまま、言うべきことを言うということだ。そのほうが、最終的にお客さまの幸せにつながることを経験上知っているからだ。広い視野で俯瞰しているために、どう進めばどういう結果になるか、明日が手にとるようにイメージできるからである。

お客さまに感謝しているからこそ、それがお客さまの主張であり希望であっても、退ける。そのほうが、いいカタチで幸せをつくれるからだ。

「そうはいっても、基本的に真正面から反対したり反論するのは、よほどのことがない限りやりません。代替案を出し選択肢を増やし、その中で選んでもらうようにしています」と営業担当者は言う。

社内でも変わらない。たとえ上司であっても、それが、理不尽であったりお客さまにとってマイナスになるようなことは、その旨、伝える。「義を見て為《な》さざるは勇無き也」という論語の一文を、座右の銘にしている支配人もいる。つまり、謙虚なのである。

謙虚さには二種類ある。正しい謙虚さと間違った謙虚さだ。いま、会社がマーケットの変化についていっていない。真の経営者が不在で、業務を手堅くこなす運営のプロがのさばっている。組織を牛耳《ぎゅうじ》っている。そういうとき、謙虚さを大切にし、一生懸命、自分の仕事をこなしているとしよう。これは、間違った謙虚さだ。

そうではなく、お世話になっている一番大切な消費者であるお客さまに照準を絞り、何をどうするか提言する、諦めないで提言し続ける。それが正しい謙虚さである。

すぐれた人物ほど謙虚なのはなぜなのか。職人や科学者でもそうだ。それは自分が目指すレベルに到達すると、それに満足せず、次のよりハードルの高いフィールドに乗り出すからだ。一つの難問をクリアすると、さらにむずかしい課題に取り組むからである。

すると、そのよりレベルの高い未知のフィールドでは、自分は新人にすぎないことを実感する。自分の小ささ、至らなさを悟る。だから、自然に謙虚になる。小さな世界で現状で満足する人間は傲慢《ごうまん》になる。お客さまをはじめ、さまざまなものによって自分は生かされていると感謝しない人間は威張る。高飛車になる。

生かされているという自覚

謙虚さには、見せかけの謙虚さと本当の謙虚さがある。
見せかけの謙虚さとは、小手先の謙虚さであり、
本物の謙虚さとは、人間としての謙虚さである。
よい謙虚さとよくない謙虚さもある。
正しいことを目指すのが、よい謙虚さであり、
周りに対し何事も唯々《いい》諾々《だくだく》と従うのは、よくない謙虚さだ。

「質問力」が問われるお客さまとの応援

▼▼▼脇役として質問する

会議や打ち合わせそのこと自体、快く感じてもらう。そのためには、お客さまに主役になってもらうことだ。お客さまを主役にたてて話す。

そのためには、こちらが質問する側になり、その質問に答えてもらうようにすることだ。この方法が一番確実である。自然にお客さまが主役になり、こちらが脇役になる。ただし、質問力が問われる。質問力は大きくいって四つの点が前提になる。

一つは、お客さまの好みや人柄を素早く掴むことが必要だ。たとえばウエディングコンシェルジュの女性マネジャーは、相談に来たお客さまのファッションから推測する。バッグについてはもちろんである。

二つ目は、頭の働きのスピードだ。プロのアスリートに負けないような瞬発力である。よくアスリートに必要な能力として動体視力があげられる。それになぞらえていえば、お客さまの心をキャッチする動体視力を身につけなければならない。

不思議なことに、こういったことは、体の切れと関係があるのかもしれない。現に、帝国ホテルには、子どもの頃、サッカーや野球、サーフィンなどスポーツをやっていた人がたくさんいる。

三つ目はお客さまから学ぼうとする姿勢である。

たとえば、東京のある支配人は、大阪の帝国ホテルで、婚礼予約と企画を経験している。その企画担当の際、地元の有力者に審査員になってもらうカタチで天神祭写真展を企画した。ホテルが天神祭が開かれる大川に面しているので、ホテル前の桟橋に船を一艘《そう》つなぎ、屋台を設ける案もつくった。

そのためには地元の人たちの協力は欠かせない。しかし、最初は東京もんに冷たかった。だが、それに怯《ひる》まずに、「これってなんですか」「どうしてそうなんですか」とついて回りながら質問を続けると、そのうち面白がって教えてくれるようになったという。関西人は祭り好きだから、という面もあるが、人間にはもともと、教えたり育てたりしたい、その結果を見てみたいという欲求があるからだ。

それで、「だいぶ、覚えてきたな」と喜んでくれるようになり、最後には仲間として受け入れてくれ、一緒に祭りや写真展を盛り上げてくれた。そして、東京に異動になる際、送別会まで開いてくれた。

四つ目は、コミュニケーションの内容を俯瞰しながら質問することだ。

それによって、次はどういう内容についてどういう切り口で質問したらいいか、判断できる。そうでないと、質問が漠然としてしまう。贅肉《ぜいにく》だらけのコミュニケーション、さらには、骨なしのコミュニケーションになってしまう。

全体をこのように俯瞰しながら質問することができれば、お客さまを主役にたて、お客さま主導で話しながら、お客さまに自主的に考えてもらいながら、お客さまに幸せになってもらうところに着地できる。

脇役として質問する

相手に花を持たせる。
それがコミュニケーションを快くする。
そのためには、適切に質問を続けることが欠かせない。
コミュニケーション全体を俯瞰するチカラが、
それを保証する。
あるべきところに着地できる。
そこに幸せが待っている。

反発心は自分に負けた証拠

不自然な心遣いは思いやりではない

平和だからといって平坦であるとは限らない。夫婦が円満だからといって波風が立たないわけではない。ときには感情の行き違いが起こる。片方がやろうとしていたことが成功し興奮しているときに、片方は落ち込んでそれどころではないこともある。戦っているからといって、フレンドリーでないとは限らない。相手を認め、親近感を持ちながら、争っていることもある。

社会が高度化すればするほど、ものごとは多彩になる。それが進化の目的でもあり結果でもある。いまのところ、人間は生き物の進化のトップに立っている。十人十色どころか一人十色、一人百色とさえいえる。心理だってそうだ。時間の経過とともに心理は多様に変わるが、また、複数の心理が同時に働くことも多い。

お客さまとコミュニケーションをとっているときでも、これは変わらない。よほど単純な人間かよほどの天才でないと、心が常に揺れ動いている。

心からお客さまに感謝し、さらには敬愛していても、つい反発する、反感を持つ、不快になる、ことはある。相手が粗野だったり高飛車だったりすると、なおのことだ。

そういう気持ちを恥じたり抑え込もうとしていないだろうか。それは、不自然なことであり、体に悪い。致し方ないこととして、その心理がカタチになるままにしておくことだ。

ただし、実際のコミュニケーションの中で、その影響を受けてはならない。

もし、実際に、ムッとしたりイラついたりし、それが態度に出たら、その心理に負けたことになる。


必要なことは、そういった心理を上回る感謝の気持ち、お客さまを敬愛する気持ちを持つことだ。そういったことに影響されない人間としての度量を身につけることも大切である。

そのためには、喜怒哀楽を発生させる源がどこにあるのかが問われることになる。

お客さまの態度一つ、表情一つで喜んだり心配したり有頂天になったりするのか。幸せづくりのビジョンを明確にし、そのための手法や段取りの良しあし、適否に沿って喜んだり悲しんだり心配したりしているのか。

後者であれば、喜怒哀楽の枠取り、スパンが大きくなり、小さな感情の揺れに影響されない。

そうすると仕事がうまくいき、自信も出る。自信を持ちながら謙虚にもなる。

帝国ホテルのある営業マンは、お客さまに、「安心して私に、また、私たちに任せてください。最高のサービスをさせていただきます」と自信を持って伝えているという。その自信がお客さまを安心させる。話の内容でそれが裏づけられ、コミュニケーションそれ自体が快くなる。

不自然な心遣いは思いやりではない

話している最中に、
相手に反発したくなる、反感を持つ、不快に感じる。
人間である以上、そういうことは必ず起こる。
失礼になるからと、そういう感情を抑えていないか。
それでは、コミュニケーションが不自然になる。
不自然な心遣いは思いやりではない。
それ以上に大きな感謝の気持ち、敬愛する気持ちを持つことだ。

第8章

社員同士のつながりがサービスを支える

——セクションを越えた連携プレーに必要なものはなにか

点と点を結び〝面〟のサービスを目指す

▼▼▼柔軟性に富むヨコのつながり

ホテルは二四時間、目を醒《さ》ましている。一日二四時間、一年三六五日、眠らない。眠らないのは、お客さまに気持ちよく休んでほしいからだ。だから、夜中のさまざまな要望にも応対する。「咳が出る」「熱がある」「喉が痛い」と連絡があれば、薬をお持ちする。「結婚指輪が見当たらない、夜まではあった」と言われたら部屋にお伺いして一緒に捜す。「体が冷えるので毛布を持ってきてほしい」とか。眠れないからと話し相手になることも。こういう場合、基本的にはベルマンが対応する。

女性のお客さまからの要望だったらどうか。真夜中の二時三時ということもある。ましてや、女性一人だったら。

都会でも真夜中のホテルは森閑《しんかん》としている。見方によっては、自然の中にいるより怖い。その人気《ひとけ》がまったく拭い去られた中で一対一で向き合うのは不安だ。
そうであるなら、お客さまが抱く不安感や怯《おび》えを消去する必要がある。最初から安心してドアを開けてもらえるようにしなければならない。

だから、深夜、女性客の部屋へ伺うときは、女性の従業員がピンチヒッターとして立つ。その日のフロントに夜勤の女性スタッフがいなければ、電話の交換業務を行なっているオペレーターが向かうこともある。そして、ベルマンと一緒に客室へ伺って、オペレーターならではの笑声《えごえ》でドアごしに声をかける。

このようなサービスは、もともとは一人でできるもの。しかし、深夜、女性客の部屋をたずねる際は、一人ではできない。
お客さまをいたずらに怯えさせたり不安がらせないための配慮である。

柔軟性に富むヨコのつながり

複数の人が漫然と集まれば集団になる。
同じ目的を持って集まればつながりができる。
個を持ってつながれば、役割分担ができる。
そのつながりが縦に強くなれば、しだいに硬直していく。
横のつながりが強くなれば柔軟になる。
一人でやるサービスも、
面の中の一点になる。

ヨコの連携なしにサービスは成り立たない

キメ細かなおもてなしの原点

縦割り組織、社内にはびこる縄張り意識、目に見えない厚い壁、わが国における組織の弊害を指摘する際の常套句《じょうとう》だ。事実、その通りである。

沈んでゆく船の上で、沈んでゆくと分かりながら、それを目《ま》の当《あ》たりにしながら、縄張り争いをしている。沈みゆくタイタニック号の甲板で、避難することなく喧嘩《けんか》しているようなものだ。責任をなすりつけ合っている。そういう惨憺《さんたん》たる光景もある。

その点、ホテルは横の連携なしには、一日たりともサービスを提供できない。朝、開業しても、昼には閑古鳥《かんこどり》が鳴き、夜には閉業の憂き目を見かねない。幸せづくりのメーカーとしての面目を保てない。帝国ホテルとて同様だ。

この横の連携は三つのパターンに分けることができる。一つは、一つのシーンに対し皆で協力し、お客さまをもてなす。一つは、お客さまの動きに合わせ、各部署がバトンタッチしながらサービスを提供する。一つは、裏方として協力、連携していくということだ。

たとえば、オールデイダイニングの『パークサイドダイナー』だ。コーヒーや紅茶などのドリンクは基本的におかわり自由である。

こういったサービスをする店はザラにある。しかし、「おかわりはいかがですか」と聞きにくるタイミングの絶妙さは、キメ細かいサービスの名に値《あたい》する。ピークタイムのランチでもそうだ。

なぜ、そんなことが可能なのか。ホール（客席）で、お客さまの目線や表情、態度に目を配っているのはもちろんだが、それだけではない。ホールを回りながら、カップやコップの減り具合をさりげなくチェックし、厨房近くにいる他の従業員にサインで伝えている。

アイコンタクトをとり、指でそっとサインを出す。コーヒーは親指を立てる、小指なら紅茶、親指と人指し指でOを描いたらオレンジ、Lはレモン、おかわりは、その指をふる。つまり、おかわりが出てくるまでの時間が短い。

また、コーヒーなり紅茶のポットを持って注ぎにくる従業員がいたら、コーヒーか紅茶かひと目で分かるようにしておく。

サインはスプーンの位置だ。コーヒーならスプーンをお客さまから見て奥におき、紅茶なら手前におく。

なぜなのか。コーヒーはブラックで飲む人が多いのに比べ、紅茶は添えもののミルクやレモンを必ずといっていいほど使う。それをカップの奥におくのが一般的だ。その点を考慮して、スプーンを手前におく。

なにやら、帝国ホテル式モールス信号のようだ。従業員同士、話したりしていないのに、スピーディでタイミングのいい気配りができるのは、こういった連携をしているからである。

日頃からコミュニケーションをとっていないとこうはいかない。阿吽《あうん》の呼吸が必要だ。他のレストランでも同じようにしていることはいうまでもない。

結婚披露宴でも関係する部署の担当者による連携が欠かせない。当日は料理長が総指揮を執り、司会担当、会場でおもてなしするウエイター、丹精こめて料理をつくるシェフ、介添役、照明や音響係ほか、数多くのスタッフと連携をとりながら、心を一つに重ねながらサービスを展開する。料理一つとっても、宴会場と厨房で分刻みで連絡をとり合い、タイミングを合わせている。

お客さまの移動に合わせて連携する点にもこれはいえる。ドアマンからベルマン、フロントへ。ドアマンがお客さまの氏名を把握し、伝えれば、フロントはなじみでないお客さまに対しても、「○○さま、いらっしゃいませ」と名前で呼びかける。さらに、フロントでチェックインすると、インペリアルフロアならゲストアテンダントのポケベルが自動的に鳴り、どの客室のお客さまがチェックインされたか、事前に伝わるようにしている。

すると、ゲストアテンダントは客室のチェック中でも、エレベーターホールに戻り、エレベーターの前で待つ。場合によっては部屋までご案内し、おしぼりを渡したりお茶を出したりする。

キメ細かなおもてなしの原点

縦割りで横のつながりがないのは、
自分で自分の周りに壁をつくるようなものだ。
そのため、周囲の者と縄張り争いを始める。
そういった体質を押しいただいて引き継いでしまう。
もちろん、横につながれば万能になるわけではない。
しかし、少なくとも可能性は広がる。

一つになることで多様なニーズに対応する

裏方と表舞台のコミュニケーション

裏方と表舞台、裏方同士のコミュニケーションも大切だ。

たとえば購買である。料理に合わせて最適の食材を使えるようにしたら、アスパラガスだけで一七種類にもなってしまった。トマトでも一〇種類以上だ。アスパラガスでいえば、前菜に使うのかスープ用なのか、メインディッシュの付け合わせなのか、それによって、「これなら見た目が恰好よくなる」「これくらいの大きさがスープにしたとき、おいしくなる」「前菜だったら細くて小さいのが可愛らしい」というように、使い道によって最適なものを選べる。

同じアスパラガス、同じトマトでも選択肢が多ければ、その分、より適切なものを選べる。そのシェフの先にはお客さまのニーズがある。そのニーズに応えていくという点では、シェフと購買は目的を共有する。

そのため、購買は、絶えず新しい食材をキャッチし、シェフに提案することを怠らない。「知ったかぶりをするつもりはないので、まず、面白いと思ってもらえるかどうか試しています。もちろん、シェフもプロですし熱心に勉強もしていますから、『それは面白いけど、実際につくってみると、水気が多くて合わないんだよね』とか、試し済みのことも多いですね。私のそういう姿勢を面白いと思ってもらっており、いやがるという文化はありません」。そう購買の支配人は言う。

ときには、卸（商社）が提案した商品について、製造工程や品質管理を見るために工場の視察にも出向く。とくに食材、食品については、万一のことを想定しながらチェックするから、勢い、ハードルが高くなる。各部品に分解して洗滌できないような機械を使っていたら、安全性を考慮して、機械を入れ替えないと取引しない。

また、取引先を公平に扱うよう心がけている。相手によって、取引条件が大きく異なることがないようにしている。

ランドリーも他の部署との連携が欠かせない。お客さまから預かる衣類は繁忙期で一日一〇〇〇点近くに及ぶ。一室で一度に二〇点出すお客さまも。水洗いとドライクリーニングの両方とか。

従業員の役割は大きくいって二つ。一つはサービス部門だ。主に電話をとったり、お部屋に伺って引き取ったり、クリーニングしたものを届けたりする担当だ。電話をかけてきたお客さまの部屋番号や時間、氏名、さらにＶＩＰや会員は、その旨、表示される。

もう一つは工場、クリーニング部門だ。サービス部門は、お客さまの記入した「申込書」や口頭での要望をまとめて、工場へ渡す。クリーニングは、まず、検品する。お客さまが気づいていないいたみがないか、ポケットに何か入っていないかチェックするためだ。そのため、通常の二台の検品台のほか、手づくりの検品台も一台使っている。手前に緩やかに傾斜している台だ。それによって、市販の台より検品しやすい。

最近は、サービス部門でもボタンつけができるよう練習している。衣類を集めに客室へ行ってみると、ボタンつけのためクリーニングを頼みたいが、できれば、いまその洋服を着て出かけたい。そういうとき、その場でサービス部門の担当者が繕うこともあった。

裏方と表舞台のコミュニケーション

連携するということは、
ときに、隣の職務を侵してしまうということだ。
それを被害者意識によって侵害と受けとるのか、
境界を越えて協力してくれている、と考えるのか。
その差がコミュニケーションの差になり、
サービスの差に直結する。

すべての始まりは心のこもった挨拶から

大切なのは融通《ゆうずう》のきく関係

最近はパソコンや携帯が普及し、そういったツールを使うことがふつうになってきた。しかし、それでは横のコミュニケーションが機械的になりかねない。コミュニケーションが機械的だと融通がきかなくなる。横の連携がどれくらいできるかに成否がかかっている。そういっても過言ではない。

営業でもそうだ。お客さまに対しては低姿勢でいながら、社内では、「あれやっておけ」といった上から目線で指示しているようだと、イザというとき、うまく機能しない。協力してくれても、無理をきいてもらえない。

社内で信用されていない場合も同様だ。社内で他の部署のスタッフからどれくらい信頼されているかによって、お客さまからの信頼度が決まる。だから、帝国ホテルでもふだんからいろんなスタッフとコミュニケーションをとっている。「仕事があるとき、直接、出向いてコミュニケーションをとるのはもちろん、すれ違ったときや他の用で行ったり、会議等で顔を合わせた折りなどに、できるだけ話すようにしています」とある営業マンは言う。濃密で柔軟な連携は感情の連携なしにありえない。

なにも営業に限らない。毎日、自分の部署のスタッフは当然として、他の部署まで出かけて行って、「おはようございます」と挨拶している支配人もいる。購買の支配人だ。厨房、宴会サービスのオフィス、食料飲料の倉庫、ユニフォーム室などである。時々ではない。毎朝である。できそうで、なかなかできることではない。

「お願いごとのときだけ顔を出す人になりたくないんです。そうすると、その部署のスタッフにとって、あの人が顔を出したから、面倒ごとを持ち込んできた、と連想されてしまいかねないからです。だからふだんでも、何かと顔を出すようにしています」と言う。

その際は、質問や提案、確認など、何か話すことを用意しておく。そうしないと御用聞きみたいなイメージにつながりかねない。朝、通路ですれ違うときは、誰であるかは関係なく、「おはようございます」と挨拶している。取引先に対してもそうだ。

大切なのは融通のきく関係

お客さまのために、
どれくらい融通をきかせることができるか。
それは、あなたのために、
どれくらい融通をきかせてくれる人がいるかによって決まる。
そういう人を増やすためには、
まず、あなたが、融通無碍《ゆうずうむげ》であれ。
仲間のために汗を流せ。

次工程の仲間も、大切なお客さまと思え

▼▼▼スムーズにバトンタッチするために

チェーンストアの本部では、よく、「自分たちは店舗や現場のサポート役」とか、「日の前にお客さまがいるつもりで仕事をしよう」と言う。しかし、リーダーが音頭をとっても、かけ声倒れに終わる。竜頭蛇尾《りゅうとうだび》になりやすい。

それより、本部の中の仕事の流れに沿って次工程はお客さまと位置づけ、そのお客さまが感動したり、それ以上に深い満足を得てもらうために力を尽くすようにしたほうがよい。そのほうがよほど現実的だ。

帝国ホテルでいえば、実際、そう位置づけて仕事をしている人がいる。そうであるなら、それを個人からグループへ、そして、全部門に広げていくべきではないか。

次工程はお客さま、と意識的に位置づけているわけではないが、日々の仕事でそれ

と同じような対応をし、コミュニケーションをとっている部署もある。

ランドリーもそうだ。先に述べたように、ランドリーはサービスと工場に分かれているが、サービスの担当者が、工場の職人にお客さまが記入した申込書を渡す際、部屋番号など、記入の適否をチェックする。

それで、間違っていたら訂正するのは当然だが、たとえ正しくとも、下段に赤マジックでルームナンバーを大書する。また、三時間仕上げといった要望は、三Hとこれも赤マジックで大書、さらに、届ける期限の時間を一九：〇〇というように同じように赤で大書しておく。その上で、次工程である工場へ渡す。

帝国ホテルのランドリーといえば、そのクリーニング技術の高さにとかくスポットライトが当たりがちだ。事実、その技術は高い。

たとえば、シミ取り用の薬品は、過炭酸ナトリウム、ハイドロサルファイトほか二〇種類以上ある。超音波を使ったりもする。それで、まず、シミがそれほど目立たないところから試し、慎重に段階を踏む。一〇年着ていなかったためにできた、といったシミもある。長期間、日に当たって焼け黄ばんでいたり……。そうなると落ちづらいが万全を期す。

ボタンは二〇〇種類以上あり、糸の素材もシルク系を主にポリエステルとか綿、さらに色も、水色、紺、茶、白、赤系などさまざまなものを備えている。

ルームナンバーの確認は四回、点検二回、検品一回が通常の工程だ。洗剤も洗い方別に分けているし、乾燥する際も素材、色別で温度を変えている。

高い技術だけでなく、こういったキメ細かい対応がお客さまの多様な要望にピタリと沿っているから、声価が高まるのだ。アメリカのハリウッドスターにもファンがいることは周知のことである。その上、〝次工程はお客さま〟という対応を地で行っているから、なお、キメ細かさが増す。


次工程はお客さまである、と位置づけ、外のお客さまに対するのと同じように、思いやりのプロとして、次の工程と接していけば、横の連携はより深く密になる。

そのためには、次工程が判断ミスをしないよう配慮し、理解しやすいようにしておき、余裕を持って仕事ができるスピードで仕事を行ない、早め早めにバトンタッチすることだ。

スムーズにバトンタッチするために

去る者は日々に疎《うと》し、という。
それなら、そもそも目の前にいないお客さまは、
もともとからして、疎しになる。
本部は現場のサポート役を標榜《ひょうぼう》しても、
どうしてもそうなる。
それなら、いっそのこと、
仕事を次の段階へ渡すとき、
その人たちをお客さまとして扱ったほうが現実的だ。
そのほうが具体的な成果につながる。

第9章

情報が心の満足を充実させる

――膨大な情報を「おもてなし」にどう生かすのか

情報を蓄積して「サービスの質」を高める

▼▼▼因果関係を洗い出す

帝国ホテルの客室数は九三二である。他のホテルに比べ圧倒的に多い。外資系は一〇〇から二〇〇室といったところが多い。だから、客室稼働率は八〇%から八五%前後と、他のホテルと大同小異でも、客室数を勘案すると、そのすごさを改めて感じる。さすがに東日本大震災の3・11直後には三〇%台になったが底堅い。

常連のお客さまが多いから、こういった実績を維持できる。

常連客が多いのは、宿泊日数を重ねるほど居心地がよくなるからである。お客さまが宿泊された後、「こういう状態や雰囲気だと落ち着きくつろげる」という痕跡《こんせき》を見つけ出し、次回から、そのような状態、雰囲気をつくり出しておくからである。

前述したように、そのチェック項目は最大のお客さまで約四〇項目、A4サイズの用紙一杯になる。灰皿を下げておく、ロッカーの中のハンガーの位置、靴ベラの位置まで細かく対応する。靴ベラでいえば、立てかけておくのか、右奥にある低い台の上に横に載せておくのか、そのおき方はどうか。そういったことまで含む。こうなると文字や口頭の伝達だけでは間違いかねないので、そのお客さまにとって正しい位置にしてある写真を撮り、そのコピーを朝、掃除の担当者に渡す。

つまり、こういったお客さまに関する情報を積極的に積み重ね、日々のおもてなしにキメ細かく生かしているのだ。

結婚披露宴や企業のパーティなどについてもこれはいえる。一つひとつの具体例について詳細に記録を残し、その情報を蓄積することがイコール、ノウハウの蓄積、サービスの蓄積になる。それは、脳の外に取り出し独立させた記憶ともいえよう。

ランドリーでも同じで、お客さまから指示があればもちろんだが、そうでなくても、常連のお客さまなら、以前のこだわりを「顧客、特別セット情報」として残し、蓄積している。同じ衣類については、とくに指示がなくても、そのデータに基づいて、お客さまが望まれるカタチでクリーニングをしている。

たとえば、「シャツ類はすべてたたみ」「下着以外ドライ、袖に折り目不要」「ハンガー品、必ずビニールカバー、ドアオープンしない。ワイシャツ手仕上げ、普通糊」「ワイシャツをダメージさせた経験あり、取り扱い注意！」といったことだ。

クリーニングに関することだけでなく、「『AUSTRALIAN FINANCIAL REVIEW』にお褒めの記事を載せていただいた」「鹿児島土産をいただいた」といった最新情報を共有し、サービス部門の担当者がお客さまと顔を合わせた際、「ありがとうございます」と、必ず伝えるようにしている。

また、個人でも積極的に情報を集めている。情報に対し敏感なのだ。ウエディングコンシェルジュの女性マネジャーは、毎日、朝と夜、二回風呂に入るが、そのたびにファッション誌に目を通している。営業のある支配人は通勤電車で、窓から外を見る。眺めるというより観る。それで、オフィスビルの壁面に「創業○○周年記念」といった幕を見つけたり、新しい看板から、新しい企業を見つけたりしている。満員で中に押し込まれると、新聞を小さくたたんで読む。購買部の支配人は、毎朝五時に起き、日本経済新聞など三紙を読んでクリッピングし、オフィスで回し読みしている。

因果関係を洗い出す

情報は、サービスを科学にする糧《かて》だ。
どういうサービスがどういう感動や深い満足につながるか、
原因と結果を明らかにし、
ある望ましい結果を得るために、
それに呼応する原因を用意できるようになる。
これまでになかった望ましい結果を想像し、
それに呼応する新しい原因を創造できるようになる。

雑談の中にも価値ある情報は埋もれている

▼▼▼情報なくして営業なし

情報なくして営業なしといえる。既存のお客さまについては、宴会やパーティの情報を蓄積している。しかし、飛び込みもある。とくに、新人は三カ月間、飛び込みだけをやる。そういうとき、『会社四季報』は欠かせない。未上場版もある。いまはインターネットでも検索できる。ホテル向けの専門情報誌もあるので、その情報も使う。

大手の企業や商社、自動車メーカーなどは部署が多い。そのため、どの部署がどういうイベントでホテルを使うか、ニーズを掴んでおかなくてはならない。

営業先で話をするときは、会話を通して情報を引き出し、訪問前にインプットした情報と合わせ、話を展開する。

たとえば、宴会はこれまで他のホテルを使っているが、それは、役員同士のつながりによるものと分かったら、いったん諦めるしかない。何年後になるか分からないが、その役員が退任し、それによってつながりが弱まったら、その頃、改めて提案にいく。数年後とか一〇年先ということもある。粘り強く懐に温めておく。

そうではなく、長い慣習で他のホテルを使っている。二〇年以上、使っているとしよう。そうすると、「そうですか、それでは簡単に替えられませんよね」と、いったん引き下がり、間隔をおきながら通い続ける。「来年も○○ホテルさんで予約されているんですよね。じゃあ、再来年のお見積りだけでも取ってみませんか」と持ちかける。「二〇年ひと区切りといいますよね。二〇年続くと、さすがに、ゲストのご来場者も新鮮さがほしくなられるのではないでしょうか」とか。

すると、三年目くらいに問い合わせが入ったりする。見積りが合えば話が具体化する。しかし、お客さまの要望にマッチする日時に会場がふさがっていれば成約に至らない。丁重な上にも丁重にお詫びし、次回につなげていく。

営業しながら、営業の結果につながるような相手企業の内部情報についても掴まなくてはならない。最初は総務や秘書課に通されることが多いが、そこで、帝国ホテルでの開催を決めてもらえるとは限らないからだ。

ある程度、通い、信頼を得てから、直接、決裁できる部署や人を聞き出して紹介してもらう。信頼を得る前に性急に聞こうとすると警戒されてしまう。下手をすると疎《うと》んじられる。


雑談で盛り上がることによって胸襟《きょうきん》を開いてもらえることも少なくない。これも、二人三脚で幸せをつくっていく上で大切なコミュニケーションの一つだ。

そのためには、営業先の業界や他の企業の動向、社会のトレンド、消費者ニーズ、趣味などお客さまの関心の高い分野での話題といったことに精通していなければならない。

精通しているだけでは十分といえない。分かりやすく、イメージを描きやすいよう、また、興味を引くカタチで話すようにする必要がある。また、雑談していると、話がお客さまご自身やご家族のことに及ぶことが多い。ご両親や祖父母、ご子息や娘さんの話になり、長寿の祝いや結婚記念、結婚披露の催しにつながっていったりする。

情報なくして営業なし

情報は私たちにとって、
第二の目、第二の耳、第二の鼻、第二の口、第二の皮膚になる。
それによって、
見えなかったものが見えてくる。
聴こえなかった声が聴こえてくる。
分からなかった匂いを嗅《か》ぎ分けられ、
微妙な味や触感までつかまえられる。
その都度、新しい人間として誕生する。

情報を集めてこそ〝現実の背中〟が見えてくる

変化の波に乗り続ける方法

いまは死語になったが、食事やショッピングのために銀座を歩くことを「銀ブラ」といった。帝国ホテルでは、この銀ブラが伝統になっている。

たとえば、ゲストリレーションズ、相談窓口だ。正面玄関から入って右奥、突き当たりにデスクを設けている。

このゲストリレーションズには、平均で一日一〇〇件近い問い合わせがあり、内容は多岐にわたる。中でも多いのが銀座に関する情報である。主に海外からのお客さまだ。百貨店やブランドショップ、新しくできたファッション店、画廊、趣味の店などに関することだ。

また食事に関しては、自分の国の料理が食べられるレストランや、日本の味を味わいたいと和食の店や寿司店についてたずねられることが多い。

そういった店はおいしくなければならない。そのためには自分の舌で味わって判断する。それでお客さまにお薦めできるかどうか決める。

いまでは、内容別に情報収集の担当を決めて、銀座を中心に有楽町、丸の内、大手町、日本橋へブラッと出かけ、最新の情報を集め、全員で共有している。「レストラン」「ショッピング」「観光・ツアー・公園寺社」「劇場・ホール・映画館」「トレンド・イベント・ナイトスポット」「美容・スポーツ」「金融（銀行、郵便局、両替）」「交通（JR、Air、TAXI、運転代行）」「美術館、博物館」など多岐にわたる。「ビジネス（携帯電話、名刺、コピー、証明写真）」まである。ショールームや教会、ガソリンスタンドや洗車ほか生活関連も……。

これだけ列挙したのも、いかに隅々にまで目を配っているか知ってほしいからだ。銀座の交番勤務のおまわりさんも、分からずに困ったら連絡したくなるのではないか、とさえ思う。

レストランなどで試食したら、「レストラン試食報告書」を提出し、情報の共有、活用をしている。味はもちろん、サービス、雰囲気、値段についても五段階で評価、また、日本人、外国人、年代別で「薦めたいかどうか」「どれぐらいの度合いで薦めたいか」も明確にしている。

そのほか、お薦めの料理や試食メニュー、英語メニューの有無、アクセス法、予約の可不可、喫煙の可不可もチェックする。接客もそうだ。出迎え時の対応、料理の説明、英会話、外国人の受け入れ、クレジットカードの利用の可否、そのときの他のお客さまの客層、個室の有無や規模、料金まで書き込む欄がある。

出迎え時の対応なら、「温かい」「明るい」「スムーズ」「その他」、料理の説明は、「適切」「普通」「その他」といったチェックをする。

このように厚みがあって奥行きのある情報を自らの体験を通じて集めているのだ。だから、人気店や話題店だから優先して薦めるということはない。それが、結局は信頼につながる。

観光でいえば、たとえば、外国のお客さまが日光へバスツアーで行かれるような際、同乗させてもらって、その体験をリポートし共有する。旅行先での食事についても同様だ。

しかし、ここまでしていても、ミスをすることがある。あるとき、外国のお客さまから、「回転寿司へ行きたい」と言われ、自信を持ってお薦めの店を紹介した。その場所を地図で示すと、期待一杯の顔で出かけられた。

それから一時間ほど経った頃、そのお客さまが戻ってきて、「ない、周りで聞いても知らないと言っている」と、地図を投げつけて、部屋へ戻ってしまった。

スタッフは驚き、その回転寿司に電話をしたがつながらない。インターネットで店舗情報を見ると、ちゃんと載っている。そのチェーンの他の店に問い合わせると「やっているはずです」と言う。

それで、確認のためその店まで行ってみた。すると、閉店の紙が貼ってあるではないか。これまで十数年、ずっと使っていて紹介していた店である。お客さまにも喜ばれていた。ところが、数日前に閉店したのだ。通常、電話しないでお客さまに案内していた店である。

情報は絶え間なく動いていることを改めて肌で感じ、以後、必ず、電話で確認するようにしたことはいうまでもない。お客さまにも謝罪し、了解してもらえたという。

変化の波に乗り続ける方法

急速に進歩することを、日進月歩という。
そうであるなら、進歩と直接関係ない単なる変化はもっと速い。
週単位、一日単位、時間単位で変わる。
そのため、情報は現実に追いつけない。
スピーディに情報を集めて、
ようやく、変化する現実の背中が見えてくる。
その現実に追いつき、半歩先を行き、
現実をつくり変えていくためには、
情報を加工し、つくり変えることが必要だ。

ドアマンの「お客さまリスト」は頭の中にある

▼▼▼復習しつつ予習する

よく第一印象が重要という。それによって評価がある程度決まり、後々までその残影が影響を与えるからである。

そういう意味で、ホテルの第一印象はドアマンで決まる。帝国ホテルでも変わらない。来ていただいたことに対し心から感謝し、玄関へ入るまでに、また、ベルボーイにバトンタッチするまでの間に、感謝の気持ちを体感してもらうため、キメ細かく対応する。

車から奥の席のお客さまが降りにくそうにしていたら、すぐに反対側へ行ってドアを開ける。和服のお客さまには手をさしのべる。雨の日には傘をさし出す。ときには雪かきもする。

そういった準備を怠りなくしておくために、天気予報は、毎日欠かさず確認している。年末年始や何百人という規模の大型の宴会が重なるときは大変だ。営業や接遇担当者と常以上に密に会議を開く。

また、毎日、渡される宴会スケジュールを元に、駐車場や道路の近隣レイアウトにのっとって車種別、時間帯別の誘導も決める。ドアマンの配置はいうまでもない。たとえば、バスは裏手入口につけることが多いものの、時間によってはそれもできないといったことを全員で共有する。

繁忙期の宴会スケジュール表を見ると、同じ時間帯に大型宴会がいくつも重なって、よくこういった状況を仕切れるものだと感心する。

そういう点でいえば、このような対応はプロジェクト活動に等しい。ドアマンはその一員である。スケジュールを一見するだけで、分単位で車の混雑状況や駐車場の状況、各道路の状況をハッキリ、イメージできなければならない。

ある若いドアマンは、そのために、毎日、業務終了後にシミュレーションで復習するようにしている。たとえば、一一時半スタートの宴会でも一一時前から来館される方がゼロとは限らない。一二時になっても到着される。また、一三時半閉会でも、一二時半とか一三時には帰られる参加者が少なくない。その一つの宴会をとっても、VIPの方がいつ着出（社用車、ハイヤー等）するのか、リムジンバス何台がいつ、どこに何人乗せて着出するのかなど、くわしく具体的にイメージしてシミュレーションし、何をどうすれば、よりよくなるかを考える。

しかも、そういった宴会が重なり、車と人の動きが交差する。同時刻に数多くの人と車を誘導する。誘導しながら、一人ひとり、一台一台の車に心を向け、心を放置しないようにしている。そういった時間が延々と続く。そういった現場をあたかもテレビのアシスタントプロデューサーのように捌《さば》いていく中で、記憶力が発達する。

ある結婚披露宴で新郎の親族がタクシーで東京駅へ向かった際、ご祝儀入りのバッグをトランクに忘れてしまった。お客さまは「黒塗りの○○タクシーだった」と申告、しかし、担当したドアマンは他の色だったことを覚えており、その結果、タクシーと運転手を特定でき、ご祝儀は無事戻ったという。

次から次へとタクシーが目まぐるしく来る中で、車種を正確に記憶していたのである。

VIPや常連のお客さまは、社会的地位や会社での役職、それに名前と顔をインプットしておかなければならない。社用車なら運転手の顔や名前、車種、ナンバーなどにまで及ぶ。ベテランになると、千数百人ほど記憶している。それで、さまざまなデータを瞬時に結びつけ、専用の入口へ誘導したり、名前を呼んで挨拶したり、フロントやフロアにピンマイクで伝えたりする。

そういったお客さまのリストはデータベース化されている。宿泊客対象に五〇〇から六〇〇人ほどだ。もちろん、顔の画像も含む。しかし、実際に、帝国ホテルを使われるVIPや常連客は多岐にわたる。とても、足りない。だから、各ドアマンが自分で各々のサービスを通じて情報を蓄積、整理している。あるドアマンは、お客さまのリストを三冊つくり、持ち歩いている。他に、顔写真のファイル二冊とか。名前、会社名、肩書き、車番とか。LXはレクサス、センはセンチュリーとか。役職は変動が激しいので最新情報のチェックは不可欠だ。

ドアマンの一人は、家でビールを飲んでくつろいでいるときでも、社名と社用車のナンバーの記憶に余念がない。「ビールをごくごく（5959）飲んで〇〇さん」「8601、ハム一番で△△さん」「1188、いいパパ、□□さん」といったように。社長や役員、運転手の顔と込みであることはいうまでもない。

復習しつつ予習する

経験も一つの情報である。
経験という情報をより使いやすくするため加工する。
その加工が復習である。
復習しつつ予習する。
シチュエーションを想定して、シミュレーションする。
それまで明らかでなかった問題点を明らかにし、
起こるべき状況を想定して、最善の策を練る。

お客さまの〝手となり足となる〟ために情報を生かす

▼▼▼情報の多さは誇りにならない

ベルマンもドアマン同様、日ごとの宴会リスト、宴会スケジュール表を元に、時間別にベルマン用に編集し直す。

そういったことを真夜中にやっておく。

真夜中にお客さまの荷物がトラックで届くことも少なくない。大型の団体ツアーだと数の桁《けた》が違う。一回のツアーで五トン車で千個届いたこともある。それを五、六人で手分けして対応し、一件の間違いもなく終了しホッとしたという。

そのほか、状況に応じてドアマンやフロントと仕事をシェアしたり連携したりするが、ロビーでの呼び出し、航空便の確認、バス、ハイヤーの手配、館内外の案内なども行なっている。お客さまの鞄や靴の修理に出かけたり、忘れものを取りに行くこともある。要するに、お客さまのホテルライフが快適になるよう、その手足になるということだ。

そのためには、ホテル周辺の情報にも精通していることが求められる。

上高地帝国ホテルだと、ベルマンがゲストリレーションズの役そのものも担っている。だから、時間を見つけては周辺に出かけ、体験をして情報を蓄積している。

たとえば、あるベルマンは、朝、早いときは四時前後に起き、大正池に何度も出かけたという。早朝だからこそ体験できることがあるからだ。靄《もや》がそうだ。靄《もや》が朝日を浴びて生き物のように流れ、その合間に見える穂高の絶景は体験してこそ分かる。明神池へ行ったり、近くの小屋で岩魚《いわな》を食べたり、梓川《あずさがわ》に手足をひたし、その肌を切るような冷たささを実感し、その体験をお客さまに伝えたり……。写真も撮り、アルバムにし、そのよさがイメージで伝わるようにもしている。

足を伸ばして、白骨《しらほね》温泉や穂高、奥飛騨《ひだ》、松本に行ったりもした。

一般のお客さまからは、昼、ロビーで応対しているベルマンの姿しか目に入らないが、じつは、このように、情報を集め、さまざまな状況をリサーチし、お客さまの手足になっている。

情報の多さは誇りにならない

情報通を自負している場合、
情報量の多さを誇っていないか。
最も大切なことは、情報を徹底的に生かしながら、
情報を情報と感じさせないことだ。
バラを一輪、さし出すように、
幸せなお知らせ、幸せにつながるお知らせをすることだ。

お客さま自らが運んでくる情報を見逃さない

▼▼▼情報はエネルギーに変えてこそ価値がある

海外のお客さまはフロントで両替されることが多い。帝国ホテルでは宿泊客中心のため、外部からの立ち寄りの両替には、基本的に対応していない。いずれにしても、用紙に記入してもらい、部屋を確認している。

その際、部屋番号から、お客さまに関するさまざまな情報を閲覧できる。お客さまに安心して快適に過ごしてもらうための情報であることはいうまでもない。

ある若いフロント担当者が両替に応じたときだ。ゲストリレーションズで入力した情報が書き込まれていた。そのお客さまから、「マッカーサーのオフィスを見たい、というご要望をいただきましたが、その日は対応できないということでお断りしました」という。

マッカーサーは占領下、ＧＨＱの総司令官だったアメリカの元帥《げんすい》である。そのマッカーサーの執務室が、皇居に面しているビルの中にあった。私も他の機会にその執務室を見せてもらったことがある。驚くほど簡素だ。しかも、狭い。中小企業の社長室のほうが立派なのではないか、そう思った。

ところで、そのフロントの担当者は、白洲《しらす》次郎を尊敬し、たくさんの書物を読んでいた。白洲が側近としてつかえた吉田茂についてもそうだ。

その白洲は、マッカーサーにたてついた唯一の日本人として知られている。文化人として知られる妻、正子と一緒に住んだ武相《ぶあい》荘にも足を運んでいる。東京都町田市郊外にある農家風の建物だ。その関係でマッカーサーについても知識を深めていた。

それで、「この帝国ホテルにはマッカーサーと吉田茂のエピソードがいろいろ残っていて、ＧＨＱの宿舎にもなったことがあるんですよ」という話を投げかけた。すると、大変興味を示し、喜んでくれた。三日ほど滞在する中、そのフロント担当者のシフトを確認しては、足繁く来てくれたという。

こういう場合、知識が豊富でないとネタが切れる。幸い、その担当者は深い知識と体験に裏打ちされた話をするので、その海外のお客さまも興味を持ってくれた。たとえば、横浜にあるホテルニューグランドというクラシックホテルもマッカーサーにゆかりがあるといったことだ。横浜港に面しており、オフィス同様、マッカーサー専用室があったホテルだ。

いずれにしても、一つひとつの会話が非常に短い中で、きちんと伝えたいことを伝えることができ、お客さまに喜んでもらえた。

情報はどんなに豊富でも意味はない。それを十分に咀嚼《そしゃく》し、状況に応じてキメ細かく生かすことが必要である。そうしないと情報という贅肉によって感受性がかえって鈍くなる。

なお、現在、マッカーサーのオフィスは、関係者以外入れなくなっている。ただし、そのお客さまは、アメリカ大使館の友人を介して、望みを叶えたという。

帝国ホテルでは、お客さまご自身にも情報を運んでいただいている、と考えている。

それを正確に心で掴んで、頭に定着させることができるかどうかということだ。

フロントでいえば、お出かけの帰りであればお土産などの袋に目をとめ、「今日はディズニーランド、楽しめましたか」などと声をかける。

レストランの予約が入っていれば、「これからお食事ですか」とたずね、そこから、「母の誕生日」とか「結婚記念日」といった話につながる。会員だとクレジットカードを使うので、事前に誕生日の登録がしてあれば分かる。

そういった場合の会話はさりげないことが身上、深追いしてはならない。そういう中で、プラスアルファのおもてなしができるかどうか素早く判断し、対応する。

フロントカウンターの、ロビー側から見えない位置にパソコンをおいている。その画面を確認しながら、お客さまときちんと目を合わせるようにしている。そういった情報端末はお客さまの視界に入らないようにする。やわらかな雰囲気を大切にしている。

情報はエネルギーに変えてこそ価値がある

人間は栄養を摂りすぎると、
元気になるどころか、病気になってしまう。
情報も同様である。
情報という贅肉《ぜいにく》がついたら、贅肉で息絶えだえになりかねない。
その情報を消化し、エネルギーに変えて、
知恵として、頭で汗をかくべきである。
心を配り、心に汗をかくべきである。

エピローグ

IT端末をお客さまの視界から遮《さえぎ》っているのは、フロントをやわらかい雰囲気で包んでおくためだ。ベルマンのカウンターでも、レストランでも、これは変わらない。ホテルという欧米のハードを採用しながら、和のソフトを導入している。わが国では、フランス、イタリア、スペイン、アメリカ、中国、韓国、アジア各国の料理がどこでも食べられる。さらに、四川、広東、北京など中国料理が細分化しているように、他の料理も細分化している。世界中の料理を堪能《たんのう》したかったら、日本にとどまればいい。そう思えるほどだ。

ただし、どの料理も本場の味といっているが、日本人の舌に合わせて微妙に変えてある。

帝国ホテルのサービスも、それと同じではないだろうか。日本人のキメ細やかさで深みを出したのが〝おもてなし〟である。従業員一人ひとりが、「ありがとうございます」と、自分の心で受けとめて感謝し、自分の頭で考えてお客さまに体感してもらう。その心や思いやりに日本人ならではのやわらかさを感じる。

それはたとえるなら、ガラス窓を通して射し込む刺激の強い光ではなく、障子《しょうじ》を通したやわらいだ光ではないのか。豪華なシャンデリアの光ではなく、光を和紙で包んだ明かりではないか。

そう考えてみると、どの従業員の目の光にしても、物腰にしてもやわらかい。そのやわらかさは、日本建築の障子を介して射し込む光を連想させる。もちろん、それは弱さではない。伝統的な日本文化の証の一つだ。ドアマン、ベルマン、フロント、ロビーマネジャー、ゲストリレーションズ、ゲストアテンダント……、営業でさえそうだ。

その微妙な光の揺らぎにも似た人間の心、お客さまの心の動きを自分の心で捉え、自分の頭に定着させ、キメ細やかな思いやりをカタチにしていく。そういったことに長《た》けているのも頷《うなず》ける。日本人がとくに秀でている、そういったおもてなしの伝統を培い、磨いてきた到達点にいまがある。

それによってお客さまからも、「ありがとう」が谺《こだま》する。心から感謝される。

今回の執筆に際し、帝国ホテル東京の左記の方々にインタビューでご協力いただきました。

また、資料も参考にさせていただきました。

勝手ながら、本文中を含め、敬称を省略させていただいています。（肩書きは取材当時）

石渡　重晶《しげあき》　宿泊部客室課ランドリー支配人
岩下　晶彦　営業部営業二課支配人
桶舎《おけしゃ》　大介　宿泊部フロント課フロント
蕪木《かぶらぎ》　雄史《ゆうじ》　レストラン部『レ セゾン』支配人
北野　裕太　営業部営業一課アシスタントセールスマネジャー
倉持　深雪　ウエディングコンシェルジュマネジャー
作間　徹　レストラン部『パークサイドダイナー』キャプテン
佐藤　由貴子　宿泊部客室課ゲストアテンダント
谷口　貴浩　管理部資材課購買兼生鮮品支配人
冨樫　文予　宿泊部客室課課長
豊嶋　勇貴　宿泊部フロント課ゲストサービス

西川　佳則　　宿泊部フロント課課長
塙《はなわ》　剛《つよし》　　宿泊部フロント課ドアマン
浜　孝彦　　ウエディングコーディネーターマネジャー
蛭田《ひるた》　ひとみ　　宿泊部フロント課オペレーター支配人
松永　尚子《なおこ》　　宿泊部フロント課オペレーター

末尾ながら、ご協力に感謝いたします。なお、清水晴美婚礼予約担当には、インタビューごとに季節の話題をひと言添えてお茶を出していただき、心がとても和みました。皆さまともども、ありがとうございました。

国友隆一（くにとも・りゅういち）

1965年、中央大学法学部卒業。専門誌記者などを経て1990年、㈱ベストサービス研究センターを設立。現場で生じている課題をどう解決すべきか、論理的かつ具体的に提案することで知られる。

現在は、京都大学大学院非常勤講師を経て、執筆・講演・コンサルティングや、公開セミナーも主催するなど各方面で活躍中。

著書は『帝国ホテル　サービスの真髄』『取締役になれる人　部課長で終わる人2』（いずれも弊社刊）、『セブン-イレブン流心理学』（三笠書房）、『コンビニが流通を変える!』（ダイヤモンド社）、『消費者心理はユニクロに聞け!』（PHP研究所）など、120冊以上ある。

経済界新書
022

帝国ホテル
お客さまが感謝する理由

2012年７月６日　初版第1刷発行

著者　国友隆一
発行人　佐藤有美
編集人　渡部 周
発行所　株式会社経済界
〒105-0001 東京都港区虎ノ門1-17-1
出版局　出版編集部☎03-3503-1213
出版営業部☎03-3503-1212
振替　00130-8-160266
http://www.keizaikai.co.jp

装幀　岡 孝治
装画　門坂流
組版　後楽舎
印刷　（株）光邦

ISBN978-4-7667-2032-7